U0514544

中国牧草产业经济
2022

王明利 等◎著

Zhongguo Mucao
Chanye Jingji
2022

中国财经出版传媒集团

经济科学出版社
Economic Science Press

图书在版编目（CIP）数据

中国牧草产业经济. 2022/王明利等著. --北京：
经济科学出版社，2023.8
ISBN 978 - 7 - 5218 - 5071 - 0

Ⅰ.①中⋯　Ⅱ.①王⋯　Ⅲ.①牧草 - 畜牧业经济 - 经
济发展 - 研究报告 - 中国 - 2022　Ⅳ.①F326.3

中国国家版本馆 CIP 数据核字（2023）第 162563 号

责任编辑：汪武静
责任校对：齐　杰
责任印制：邱　天

中国牧草产业经济 2022

王明利　等著

经济科学出版社出版、发行　新华书店经销

社址：北京市海淀区阜成路甲 28 号　邮编：100142

总编部电话：010 - 88191217　发行部电话：010 - 88191522

网址：www. esp. com. cn

电子邮箱：esp@ esp. com. cn

天猫网店：经济科学出版社旗舰店

网址：http://jjkxcbs. tmall. com

固安华明印业有限公司印装

710×1000　16 开　14.25 印张　200000 字

2023 年 8 月第 1 版　2023 年 8 月第 1 次印刷

ISBN 978 - 7 - 5218 - 5071 - 0　定价：68.00 元

　　本书得到"国家现代农业产业技术体系项目（CARS－34）"和"中国农业科学院创新工程（10－IAED－01－2022）"的资助，特此感谢！

国家牧草产业技术体系
产业经济功能研究室全体成员

首席科学家：张英俊

研究室主任：王明利

团队成员：　杨　春　励汀郁　石自忠　刘亚钊
　　　　　　崔　姹　包利民　倪印锋　马晓萍
　　　　　　熊学振　张　浩　李旭君　熊　慧
　　　　　　孙雨萌　梁耀文　许荣媛　龙雪芬

前言

牧草产业作为草食畜牧业发展的饲草资源根基，对推进草食畜牧业现代化，实现国家大食物安全战略目标发挥着越来越重要的作用。但同时也应看到，国外地缘政治风险加剧，国内种业"卡脖子"问题、"粮饲争地"问题等对牧草的供给保障带来了挑战。增强草种业及生产科技等自主创新能力、利用多种途径方式挖掘生产潜力对牧草产业的高质量发展将创造更为有利的发展空间。基于此，对牧草产业经济重大问题及热点议题从国内与国际视角进行全面系统研究，可为草牧业及草畜产品市场供需双方决策提供重要参考依据，亦可为政府宏观调控提供重要决策支撑。

围绕当前牧草产业经济的市场环境变化、重大问题及热点议题，本书具体开展如下四个方面的专题研究：其一，围绕牧草产业当前面临的重大问题，从全国及地方两个层面剖析我国牧草产业发展面临的困难与问题，提出牧草产业发展的总体思路及重点任务；其二，围绕牧草供给保障问题，对我国牧草整体及苜蓿草产品的供给保障能力及潜力进行分析测算；其三，围绕牧草生产的经济效益、经济效率、对产业进行深入研究，追踪近几年牧草产业全国及典型地区的生产成本、收益、市场价格等的变化规律

1

及成因，对其生产效率进行研究，阐明政策调整思路；其四，围绕进出口贸易市场，系统剖析世界及我国草产品贸易新格局。本书相关研究的最大特点在于，从宏观及微观视角对我国牧草的发展进行了深入思考；深入基层实地调研，基于客观事实与鲜活案例就相关议题展开系统剖析；基于调研数据及统计数据，借助统计分析方法，对产业与市场发展规律进行科学度量；发现产业和市场发展过程中呈现的客观规律及存在的突出问题，为生产和政策决策提供重要参考。

　　本书是国家牧草产业技术体系产业经济研究室团队成员 2022 年的部分研究成果。本书出版之际，要特别感谢国家牧草产业技术体系首席科学家、各岗位科学家及综合试验站对本书给予的大力支持与帮助，感谢各位同仁针对相关议题提出的宝贵问题与建设性意见，感谢地方主管部门在调研过程中给予的大力配合与支持。同时，作为阶段性研究成果，本书难免存在诸多问题与不足，课题组将进行进一步深入探索，也恳请读者对本书提出宝贵批评意见和修改建议。

王明利

2023 年 8 月

目 录
CONTENTS

牧草产业发展专题

2023 年牧草产业发展趋势及政策建议

王明利 　张英俊 　杨 春

党的二十大报告提出以中国式现代化全面推进中华民族伟大复兴，全面推进乡村振兴，加快建设农业强国。牧草产业作为草食畜牧业发展的饲草资源根基，对推进草食畜牧业现代化，实现国家大食物安全战略目标将发挥越来越重要的作用。

2022 年，国家及地方相关产业政策发力，有效促进牧草产业发展。总体来看，产业形势保持稳定，价格总体保持高位；生产技术水平逐步提高，草产品品质有效提升；牧草经营模式呈多元化发展，牧草产业化有效推进；草产品进口略有减少，草种子进口量大幅下降，进口价格均大幅上涨。

预计 2023 年，牧草生产保持稳定发展，供应偏紧格局有所缓减；牧草开发来源多元化，用地资源渠道多样化；牧草产业高质量发展持续推进，种养结合农牧循环更加紧密；粮草兼顾等牧草产业融合发展成为新趋势，信息化智能化助推草地畜牧业发展；苜蓿草进口将有所下降，燕麦草进口随着中澳经贸关系改善将显著增加，进口价格继续处于高位。建议树立大食物理念，健全多元化饲草料供应体系；强化"保供给"政策体系，有效推进"扩面增量"，提升草产品供给韧性；完善良种繁育体系建设，提高优质饲草种子自给能力；加强草业现代化科技支撑，助力发展草业强国；研发推广新型配套高效种植技术，优化社会化服务体系。

一、2022 年牧草产业发展呈现的主要特点

（一）牧草政策有效发力，惠及生产及保险等方面

一是国家政策持续发力。"粮改饲"、振兴奶业苜蓿发展行动、草原生

态保护补奖政策等国家项目持续助推牧草产业发展。针对全国饲草产业发展的首个专项规划《"十四五"全国饲草产业发展规划》发布，对青贮玉米、苜蓿等优质牧草为主的现代饲草产业提出了具体路径及发展方向。二是地方配套政策加大支持力度。河北省在落实国家苜蓿种植每亩每年补贴600 元基础上，进一步增加补贴 400 元。内蒙古自治区出台相关政策，从2022 年开始对新增集中连片标准化种植 500 亩以上的苜蓿草种植主体给予补贴。内蒙古自治区鄂尔多斯市出台政策支持饲草料基地流转，符合政策要求的土地每亩每年奖励 100 元。三是构建信息交流平台和保险机制。吉林省在 2022 年成立省级秸秆饲草饲料产业协会，畅通饲草料供需信息渠道。河北省黄骅市财政补贴苜蓿保险试点项目，涉及苜蓿种植、晾晒风险，试点3.5 万亩，每亩保险赔付金额为 500 元。甘肃省金昌市持续推进《关于提高金昌市政策性农业保险覆盖面的建议》。但个别地方也存在对粮食安全战略的片面解读和执行，部分地区存在毁草（苜蓿草）种粮的现象。

（二）产业形势基本稳定，价格总体保持高位

在利好政策的带动下，部分地区牧草种植面积稳定或小幅增加，部分地区受基本农田不允许种植牧草等因素影响种植面积下降。2022 年，内蒙古自治区青贮玉米种植面积 1 400 万亩，苜蓿保有面积为 429 万亩，饲用燕麦种植面积 190 万亩，分别较 2021 年增长 12% 、3% 和 15%；河南省优质饲草种植面积达 270 万亩，比 2021 年增长 20%；吉林省人工草地面积比 2021 年略有增加；河北省沧州市饲草种植面积 68.12 万亩，较 2021年增加 9.87%；甘肃省各地牧草种植面积有所减少；海南省和广西壮族自治区的牧草种植面积有所增加；新疆地区苜蓿留床面积和青贮玉米种植面积较 2021 年略有减少。据对全国典型地区定点监测，苜蓿草、青贮玉米、燕麦草、黑麦草价格分别同比上涨 24.9%、1.7% 、9.7% 和 6.1%；在缺草严重地区，秸秆价格更是上涨 37%。①

---

① 资料来源：国家牧草产业技术体系调研数据。

（三）生产技术水平有所提高，草产品品质提升

在牧草高质量发展背景下，其生产技术备受重视，从种子繁育、牧草种植、加工、收获等方面的相关技术持续跟进，如苜蓿种子质量无损快速检测技术、苜蓿高产优质新品系、牧草机械市场装备等。2022 年，我国牧草机械总拥有量达到 737.84 万台，总动力达 2 583.84 万千瓦，青饲料收获机连续多年大幅增长。目前，内蒙古地区全株青贮玉米达到良好以上水平为 90%，苜蓿干草平均等级达到二级以上，饲用燕麦平均等级达到一级以上。河北省黄骅市草产品质量优质率较 2021 年提高 21 个百分点，一级草比例达 65%，二级以上草达 90%，亩均产值提高到 2 300 元左右，较2021 年增长近 28%，亩均增收 185 元。

（四）牧草经营模式多元化，促进草业产业化发展

种植模式方面有建植优质高产人工草地，构建牧草与农作物（经济作物）轮套间作系统，改良天然草地，以及"小麦＋青贮玉米""小麦＋饲用大豆""两茬青贮玉米＋小麦""青贮玉米＋饲用燕麦""青贮玉米＋苜蓿""青贮玉米＋饲用小黑麦"。经营模式方面有自种自养模式、订单购草养殖模式、专业化饲草生产加工经营模式等。牧草专业化、产业化程度提升。内蒙古地区由种养一体化或订单收购方式生产的全株青贮玉米达80% 以上，由专业化饲草企业经营的优质苜蓿基地达 90% 以上，自治区级以上草产品加工龙头企业发展到 14 家。①

（五）草产品和草种子进口量均有所减少，进口价格上涨

2022 年我国草产品进口总量 197.81 万吨，同比减少 3%。其中，苜蓿干草进口 178.86 万吨，与 2021 年基本持平，平均到岸价格 518 美元/吨，同比上涨 36%；燕麦草进口 15.24 万吨，同比减少 28%，平均到岸价格 429 美元/吨，同比上涨 25%；苜蓿粗粉及颗粒进口 3.72 万吨，同比

---

① 资料来源：国家牧草产业技术体系调研数据。

减少 29%。2022 年我国草种子进口 5.20 万吨，同比减少 27%。其中，黑麦草种子进口 3.38 万吨，与 2021 年基本持平；羊茅子进口 1.05 万吨，同比减少 50%；草地早熟禾子进口 0.39 万吨，同比减少 51%；紫花苜蓿子进口 0.16 万吨，同比减少 69%；三叶草子进口 0.22 万吨，同比减少 38%。此外，燕麦草种子进口 1.03 万吨，同比减少 56%。[①]

二、2022 年牧草产业发展面临的突出问题

（一）草粮争地矛盾突出，加剧优质牧草市场短缺

随着草食牲畜养殖规模逐步扩大，叠加本年用地紧缺以及旱灾形成的减产等因素，牧草供应紧缺持续加剧，尤其是优质牧草。当前粮食安全备受关注，国家明确耕地利用优先序，一般耕地可用于饲草饲料生产，但在部分地区饲草种植的用地空间受到挤压，草粮用地矛盾突出。相关调研发现，部分地区将现有苜蓿种植基地划归为基本农田。自 2011 年开始实施的"振兴奶业苜蓿发展行动计划"中高产优质苜蓿基地，随着生产年限到期，面临不再允许种植的窘迫。甘肃、宁夏和陕西等部分地区企业租地种植的苜蓿，在此影响下被迫翻耕后改种小麦；南方多年生牧草种植空间更是进一步受到挤压。粮草用地矛盾加剧了优质饲草短缺，相关数据显示：新疆地区优质饲草缺口达 57.23 万吨；四川牛羊青干草缺口 1 209 万吨，缺口比例达 35.6%[②]。据对宁夏的调研，多数牛羊养殖县需从内蒙古、甘肃、河南、湖南等地外购燕麦草、麦秸和稻秸等。

（二）保供给的优质牧草种子紧缺，良种化程度低

长期以来，我国草种生产没有扶持性政策，导致牧草良种繁育体系薄弱，大部分草种存在抗逆不丰产，优良品种自主研发不足，新优质牧草新品种转化率低，牧草种子（种苗）生产技术落后。现有的苜蓿和羊草品种

---

① 资料来源：中华人民共和国海关总署海关统计。
② 资料来源：由四川省草业技术研究推广中心测算。

等不能满足种植企业或种植户的要求，缺乏在生长期内能够达到腊熟的早熟全株青贮玉米品种；狼尾草品种混杂，由于缺乏监管存在企业炒作种苗现象。目前我国引进草种比例仍接近 50%，而且存在引进选育本土性差等问题。我国商品草种的需求量约 15 万吨，需要从国外进口约 40%。其中 80% 以上的苜蓿种子由国外引进。新疆北疆地区玉米种子本土自育品种约 40%，国外进口约 30%[①]。

（三）技术创新支撑不足，机械化程度急需提升

科技对牧草产业发展的创新支撑能力有待提升。结合不同生态区域、特定土壤类型，缺乏具体的、可操作的栽培技术规范，特别是套作、轮作和混作技术、杂草防除技术、苜蓿雨季安全减灾生产技术、暖季型饲草高粱（高丹草）高水分青贮问题等。基层技术推广体系尚不健全，牧草专业技术人员缺乏，基础设施和研发能力较弱。机械研发能力不强，饲草揉丝粉碎、摊铺晾晒、捡拾打捆、刈割压扁、二次加压、连续收贮等环节的机械还需提升，缺乏草种收获清选、丘陵山地牧草收获、农机农艺融合的机械。

（四）牧草生产成本高，极端天气影响产能

我国水资源约束趋紧，区域牧草规模化发展面临严格的水资源限制。内蒙古自治区鼓励在盐碱地种植牧草，但面临水资源的突出制约。据内蒙古自治区阿鲁科尔沁旗反映，水利部门核定地下水年度控制指标要求每亩 118 立方米，每亩超过 118 立方米将收取每立方米 1.25 元的水资源税。而企业实际用水在每亩 260～350 立方米，按照水资源税缴纳标准，草企业每亩需缴纳水资源费 190～290 元；如果不缴将面临 2 万～10 万元罚款，严重的还将被吊销取水许可。种草农资、用工及地租成本上涨。受限于土地利用约束，可用于扩大牧草种植的集中连片土地十分紧张，地租价格高涨。河北张家口旱地地租价格由 2021 年的 80～120 元/亩提高到了 200 元/亩左右。牧草种植自然风险突出。据对甘肃的调研，受极端干旱天气影响，苜

---

① 资料来源：笔者根据国家牧草产业技术体系调研数据计算而得。

蓿、青贮玉米、燕麦的产量和质量下降了 30%~50%，牧草种子单产普遍减产 20% 以上。[①]

三、2023 年牧草产业发展趋势分析

（一）牧草生产保持稳定发展，供应偏紧格局将有所缓解

一方面，利好政策继续发力。2023 年，"粮改饲"、振兴奶业苜蓿发展行动计划项目等国家政策继续实施，以及地方牧草相关支持政策的陆续出台，极大带动了牧草的稳定发展。优质牧草生产备受重视，盐碱地苜蓿产业快速推进，苜蓿青贮的比重进一步提高。与此同时，牧草种植用地约束有一定程度缓解，以及其他途径牧草的开发利用增加，促进牧草生产发展。另一方面，我国草食畜牧业稳步发展，对牧草需求继续增长。《中国农业产业发展报告 2022》预测，2023 年中国牛羊存栏量均保持小幅增长。尤其是随着养殖户对优质牧草的认识程度提升，优质牧草的需求依然旺盛。综合分析来看，牧草供应短期内仍保持趋紧格局，价格居于高位。《"十四五"全国饲草产业发展规划》提出，在确保牛羊及奶源自给率分别保持在 85% 左右和 70% 以上的目标，优质饲草仍有近 5 000 万吨的缺口。预期随着各地对大食物观认识的不断深化，将对一些片面的政策适当纠偏，牧草生产政策环境有所宽松，牧草生产会得到一定程度发展，2023年后半年供应持续偏紧的格局将有所缓解。

（二）牧草开发来源多元化，用地资源渠道多样化

基于牧草市场供应趋紧，面临用地约束等制约，未来牧草"扩面增量"呈多元化发展格局。一是对牧草资源的开发利用多元化。未来将进一步加大北方草原和南方草山草坡进行改良增产，对草原牧草、柠条构树等灌木进行开发利用，继续提升对玉米秸秆、甘蔗尾叶等农副产品高效利

---

① 资料来源：国家牧草产业技术体系团队在内蒙古自治区阿鲁科尔沁旗调研所获数据。

用。二是对用地资源的开发利用多渠道。未来将进一步加大对盐碱地、农闲田等开发利用。目前,我国盐碱地面积为 14.87 亿亩,开垦利用率仅为 20%;2019 年,农闲田已种草面积为 1 005.7 万亩,占可利用面积比例仅为 9.8%;① 借助国家实施的耕地轮作休耕制度试点,可开发饲草种植。

(三)草业高质量发展持续推进,种养结合农牧循环更加紧密

农业高质量发展背景下,未来草业提质增效逐步同步推进。2022 年农业农村部印发的《"十四五"奶业竞争力提升行动方案》提出:"增加优质饲草料供给,实施振兴奶业苜蓿发展行动,支持内蒙古、甘肃、宁夏建设一批高产优质苜蓿基地,提高国产苜蓿品质,推广青贮苜蓿饲喂技术,提升国产苜蓿自给率。"内蒙古自治区出台了《内蒙古自治区人民政府办公厅关于推进奶业振兴九条政策措施的通知》,重点围绕奶源基地建设、种源基地建设、优质饲草料基地建设等制定具体措施,促进了奶业提质增效发展。未来,将更加注重科技创新的支撑带动,注重优质牧草生产发展,效益和竞争力共赢发展。同时,面对我国双碳目标的重任,以及畜牧业粪污治理的压力,2023 年 3 月 1 日起施行新修订《中华人民共和国畜牧法》,强调畜牧业的绿色发展,这将使得草业的碳汇作用持续发挥,种养结合农牧循环更加紧密。

(四)粮草兼顾等草业融合发展成为新趋势,信息化智能化助推草地畜牧业发展

随着草食畜牧业的逐步发展,部分大规模牛羊养殖场通过承包山林或农田,藏粮于草、引草入田、粮草兼顾、草林结合、草果结合、草蔬结合等牧草产业与多产业的融合发展成为新趋势。2022 年云南省出台《云南省林草产业高质量发展行动方案(2022—2025 年)》,提出推动林下经济产业扩面提质,充分利用林下空间积极发展家畜、家禽、林蜂等,推进林下养殖、林下饲草种植发展,开拓畜牧业发展新空间。山西省推行了"南

---

① 资料来源:《中国草业统计 2019》。

北互补、粮草兼顾、农牧循环"模式,具体包括麦后复播青贮玉米(饲用大豆)、青贮玉米与冬闲田饲用小黑麦轮作。在智慧农业推进背景下,信息化智能化助推草地畜牧业发展。内蒙古立项的天空地协同的草畜平衡智能管理技术研发与应用在助推当地草地畜牧业发展发挥了重要作用。

(五)苜蓿草进口将有所下降,燕麦草进口将显著增加,进口价格将继续处于高位

国内草产品市场紧缺的格局短期难以扭转,草产品对外进口保持高位。世界气象组织相关资料显示,拉尼娜事件在持续较长时间的基础上,未来可能还会继续延续。拉尼娜事件影响下,作物减产风险指数较高(加拿大小麦、美国玉米、阿根廷大豆),未来可能会形成全球优质牧草的供应趋紧,牧草进口价格保持高位小幅上涨。当前来看,2022 年苜蓿干草累计进口 178.86 万吨,主要来自美国、西班牙、南非、加拿大、意大利及苏丹,其中从美国进口 140.23 万吨,占比 78%;从西班牙进口 23.17 万吨,占比 13%;从南非进口 8.78 万吨,占比 5%。[①] 进口呈现从美国进口量占比逐步下降,从西班牙、南非的进口占比增加的趋势。预计 2023 年上半年,全球饲草紧缺程度仍然较高,苜蓿草价格将继续处于高位,国内进口将略有下降;燕麦草进口随着中澳经贸关系的改善预期将显著增加,价格仍然处于高位。

四、2023 年牧草产业发展建议

(一)强化"保供给"政策体系,提升牧草有效供给韧性

针对当前牧草市场供应持续趋紧的现实情况,应完善政策体系保障有效供给。土地政策方面,在牧草种植用地约束趋紧的背景下,各地结合牧草需求情况,科学合理规划,优化耕地资源配置,出台相关牧草用地保障

---

① 资料来源:中华人民共和国海关总署海关统计。

政策。产业政策方面，持续加大国家"粮改饲"、振兴奶业苜蓿行动等相关政策支持的同时，加强地方政策的配套完善，加强种业发展、产品质量追溯体系建设、扩大机械补贴名录及标准等政策支持。金融保险政策方面，创新金融政策支持中小微企业发展，扩大牧草保险试点品种及范围，建立风险预警防范机制，应对牧草产业的各类风险，降低损失。打通全国草产品"绿色通道"，降低牧草运费标准。

（二）树立大食物理念，健全多元化饲草料供应体系

当前国家粮食安全备受关注，从根源上来看，粮食安全的本质主要是饲料粮的安全问题，我国饲料粮占粮食的比例约为 48%①。解决粮食安全问题，除了增加粮食产量外，还可以通过优质饲草替代饲料粮，减少饲料粮的消耗。大食物观背景下，树立"优质饲草"理念，大力发展优质饲草是实现食物安全的保障。一是夯实现有牧草生产基础，深挖增产潜力，提升生产供给能力。二是各地因地制宜，加大北方草原改良力度，增加草原牧草供给能力，启动南方草山草坡建设，增加优质饲草供给；开发饲用油菜、早熟青贮玉米、饲用燕麦和饲用苎麻农田复合种植品种，满足饲草需求的不断增长。三是完善信息畅通、互通有无的饲草供需平台，推动草产品电子交易平台建设，强化产销对接，解决购草难题。

（三）完善良种繁育体系建设，提高优质饲草种子自给能力

一是完善牧草种质资源精准鉴定评价体系，精选优质牧草资源。加强高产优质抗逆新品种选育，开展品种培育及品系改良，增加对多种饲草资源的收集、开发和利用，培育优良牧草品种。加大优质草种繁殖基地建设。二是构建"保供给"优质饲草种子生产基地。细化我国牧草种子专业化生产的标准流程，形成以内蒙古西部地区、宁夏、陕西、青海、甘肃、新疆为主的西部地区优质牧草生产基地，支持龙头企业带动的种业生产，提升草种业竞争力。三是加大对使用国产优质牧草种子的相关支持，减少

---

① 资料来源：农业农村部办公厅. 饲用豆粕减量替代三年行动方案［J］. 中国食品，2023（9）：146 - 147.

对国外进口草种的依赖。

（四）加强草业现代化科技支撑，助力发展草业强国

明确草业现代化的内涵及路径，构筑科技支撑体系。一是牧草生产物质条件的现代化。优化牧草生产条件、基础设施及现代化装备，尤其是牧草机械现代化方面，注重培育专业化机械研发人才，加强机械研发投入，突破牧草机械装备关键技术的科研攻关，推动科技成果转化，促进科技与产业深度融合。二是注重研发多元化、多样化的现代牧草生产技术体系，结合中国现实情况，探索不同牧草作物，农区、牧区，山区、平原区等不同生产条件下牧草生产现代化，为本土牧草产业提供技术支撑。三是加大技术创新支持。联合国家地方科研部门，加大科研投入，组建专门研发组织，加强牧草全产业链关键技术联合攻关，加快推进草业科技成果的试验示范和转化应用，推进草业现代化技术创新支持。

（五）研发推广新型配套高效种植技术，优化社会化服务体系

随着粮草融合、草林融合、多种饲草资源开发等的进一步推进，粮草轮作、粮草间套作、粮草复种等新型配套高效种植加工利用技术亟须尽快突破，并加大其示范推广范围。主要包括正播籽粒玉米＋复播青贮玉米、一年两熟青贮玉米、苜蓿套种玉米、青贮玉米复种小黑麦等提高土地产出的种植模式；盐碱地节水增效苜蓿种植模式、农闲田牧草种植模式；林草复合模式；非常规饲草资源利用技术等。培育牧草生产、收储、加工、流通、配送全产业链专业化组织，提高牧草机械社会化服务，完善牧草产业社会化服务产业链。

我国牧草市场行情调研报告

杨　春　王明利　马晓萍

为及时了解当前我国牧草市场行情，牧草产业经济研究室通过电话访谈等形式，对山西、内蒙古、山东、重庆、甘肃、宁夏等地 12 个企业（养殖场户、种植户）的牧草生产及价格情况开展相关调研。总体来看，内蒙古、甘肃等区域养殖企业（场户）牧草储存充足，2022 年暂未外购牧草，山东、河南、宁夏等区域养殖企业面临牧草不足及外购困难的情况（主要是青贮玉米）；牧草价格均有显著上涨，青贮玉米价格涨幅最大；养殖企业（场户）普遍反映 2022 年面临牧草成本高涨及畜产品价格回落的双重压力。建议合理调配牧草供给，缓解部分区域供应紧张格局；科学指导牧草生产，全力保障本年牧草稳定供应；深挖牧草替代资源，增加牧草市场供给。

一、牧草市场行情分析

（一）牧草供给区域性差异明显

从本次对山西、内蒙古、山东、重庆、甘肃、宁夏等地 12 个企业（养殖场、种植户）的调研来看，牧草使用区域性差异明显。一是内蒙古、甘肃等企业（场户）牧草储存充足，2022 年暂未外购饲草。山西、甘肃的养殖企业反映目前均使用 2021 年储存的牧草，2022 年暂未外购牧草。内蒙古骑士乳业反映，企业有自有饲草地，牧草基本满足需求。二是山东、宁夏等区域企业牧草供给不足，需要外购。2021 年，山东、河南等区域的雨灾导致青贮等牧草缺乏；宁夏的旱灾导致青贮、秸秆等缺乏，这些区域的养殖企业反映存在缺草较严重的情况（见表 1）。

表1　调研企业（场户）的饲草使用及价格情况

序号	地区	企业（场户）	饲草使用情况	饲草类型	2022年（元/吨）	2021年（元/吨）	增减幅度（%）	增减量（元/吨）	备注
1	山西省昔阳县	吉润农牧有限公司	饲草储存充足本年末外购	青贮秸秆		340			肉牛架子牛存栏1 700头
				打捆秸秆		600			
2	山西省和顺县	和顺县银河农牧有限公司	饲草储存充足本年末外购	黄贮		1 300			肉牛母牛存栏1 177头
3	山西省朔州市	山西泽源马家咀农业发展有限公司	饲草储存充足本年末外购	青贮	780	500	56.00	280	肉牛存栏150头，价格为周边市场情况
4	内蒙古自治区	内蒙古骑士乳业股份有限公司	自己有地、粗饲料和玉米基本能满足	青贮玉米	630				奶牛存栏15 000头，自己有地、不缺草
				苜蓿	2 650	2 600			
5	山东省东营市	某乳企	利用襄包青贮大麦代替基本满足需求	襄包青贮大麦	920				奶牛存栏11 000多头，其中泌乳牛5 117头，进口苜蓿4 200元
				国产燕麦	2 650				
				襄包稻草	670				
6	山东省滨州市	肉牛养殖大户	当地青贮买不上、用麦秸	麦秸	920				自繁自育，存栏肉牛600多头，其中肉牛400多头
7	山东省滨州市	渤海黑牛养殖场	全株青贮很少、基本不用	玉米秸	1 100				保种场，存栏肉牛650头，其中母牛300多头
				稻草	1 200				
				麦秸	950				
				黄贮	500				

续表

序号	地区	企业（场户）	饲草使用情况	饲草类型	饲草价格				备注
					2022 年（元/吨）	2021 年（元/吨）	2022 年比 2021 年		
							增减幅度（%）	增减量（元/吨）	
8	山东省无棣市	牧草种植企业		苜蓿半干青贮	1 300				
				苜蓿干草	2 600				
9	重庆合川区	重庆市首牛牧业有限公司		谷草	1 400	1 200	16.67	200	
				高粱酒糟	540	440	22.73	100	
10	甘肃平凉	甘肃平凉红牛集团	当前使用去年储存的青贮玉米	青贮玉米		480			肉牛存栏 2 000 头，9 月开始收草，目前没有价格
11	宁夏固原	肉牛养殖企业		麦秸	1 000				养殖西门塔尔、固原黄牛、安格斯牛
				青贮玉米	680				
12	宁夏海原县	智通养殖场	当地一直缺草	秸秆	1 100	800	37.50	300	
				青贮玉米	700	400	75.00	300	

资料来源：笔者根据调研材料整理。

（二）牧草价格上涨明显

从调研的养殖场来看，普遍反映 2022 年牧草价格上涨明显。据对宁夏海原县智通养殖场调研，秸秆、青贮玉米价格分别为 1 100 元/吨、700 元/吨，比 2021 年分别上涨 37.50%、75.00%。重庆市首牛牧业有限公司反映，谷草价格为 1 400 元/吨，比 2021 年上涨 16.67%。山西浑源马家咀农业发展有限公司反映，当前青贮玉米价格为 780 元/吨，比 2021 年上涨 56.00%（见表 1）。进口苜蓿价格快速上涨，目前到场价约 4 200 元/吨，比 2021 年上涨了 30% 多，1 吨苜蓿草的价格相当于 1 吨鲜奶，现在许多牧场都舍不得饲喂。

二、面临的突出问题

（一）部分区域牧草供应不足

受 2021 年灾情形成的牧草市场供应减少的影响，多数养殖企业（场户）在 2021 年底提前储备了牧草，部分养殖企业仍存在牧草储备不足，购买困难的问题，尤其是青贮玉米的市场供应区域性、阶段性紧缺。据对宁夏海原县智通养殖场的调研，当地养殖行业一直面临缺草的突出问题。山东滨州肉牛养殖大户、渤海黑牛养殖场反映，当前全株青贮玉米市场供应少，比较难买，使用麦秸、玉米秸、稻草、黄贮进行替代，各种牧草价格上涨明显。

（二）牧草生产成本高涨

据对山东无棣牧草种植企业的调研，生产资料涨价明显。2021 年每袋 20 千克的复合肥价格为 120 元，而 2022 年涨到 200 元，此外，柴油价格上涨很高，雇工费也在上涨，生产成本明显增加。另外，饲草价格上涨背景下存在饲草质量问题隐患。据山东滨州肉牛养殖大户反映，由于青贮玉米价格较高，存在冒险违规、掺杂使假现象，青贮玉米质量受到影响，养殖户普遍不愿意购买外地的青贮玉米。

（三）养殖面临牧草成本高涨和畜产品价格回落的双重压力

一是牧草成本高涨。据对肉牛养殖户的调研，当前育肥户出栏肉牛头均粗饲料费为1 670元，比上年上涨15.0%；繁育户出售犊牛架子牛的头均粗饲料费为990元，比2021年上涨6.7%；全程自繁自育户出栏肉牛头均粗饲料费为1 850元，比上年上涨20.9%。据对奶牛养殖户的调研，当前每千克奶饲料平均成本为2.74元，同比增长10.5%。二是畜产品价格回落，养殖效益下降。当前，受经济不景气、消费淡季和疫情影响，牛肉、牛奶价格下降。据重庆市首牛牧业有限公司反映，肉牛出栏价格下降了2元/千克。山东滨州肉牛养殖大户，2022年5月，出栏肉牛处于亏损状态，出栏一头牛亏2 000元。生鲜乳价格同比下降0.2%，奶牛养殖效益折合全年计算，比2021年减少33.9%。内蒙古骑士乳业的原奶生产成本为4.2元/千克，蒙牛收购价4.25～5.2元/千克，当前稍有盈利，但许多小规模养殖场户出售奶价在3.9～4.2元/千克，原奶成本3.8元，基本是微利，稍有不慎就会亏损。

三、对策建议

（一）合理调配牧草供给，缓解部分区域供应紧张格局

积极重视区域性牧草资源短缺的现实问题，通过健全牧草跨地域调配机制助力缓解牧草供需的区域性矛盾。一方面，借助网络电商平台等媒体渠道加快建设牧草交易"云市场"，打破区域间牧草供需的信息壁垒；另一方面，通过开放牧草运输"绿色通道"等方式，降低跨地区牧草的交易成本，同时关注并积极应对新冠疫情防控对饲草调配的不利影响，畅通牧草调配运输渠道；此外应高度关注裹包青贮等牧草掺杂使假的现象，这也是造成部分地区青贮不够也不愿意从外地调运的原因之一。

（二）科学指导牧草生产，全力保障本年牧草稳定供应

保障牧草稳定供应需要全力抓好保产量和保质量两项任务。保产量需要继续压实年度"粮改饲""振兴奶业苜蓿行动计划"等牧草生产任务，积极做好旱涝等灾害防控应对机制；充分利用秋闲田、冬闲田等茬口转换期的闲置土地生产饲草；加快推广优质高产牧草种植技术，探索节本增效生产模式，提高牧草生产效率。保证牧草质量需要在科学指导种植户采纳先进技术手段实施标准化生产的同时，进一步健全牧草市场产品质量的全程监管机制，尽快完善行业标准和市场规范，做好牧草产品质量的问责追责与溯源管理。

（三）深挖牧草替代资源，增加牧草市场供给

在短时期难以有效扩大牧草生产规模的背景下，要注重深挖作物秸秆等牧草替代资源，保障本年度的市场供给、满足畜牧业发展的资源需要。受农业生产结构影响，我国小麦、玉米、花生、大豆等作物秸秆资源十分丰富，且在替代牧草资源支持畜牧业发展方面发挥了显著作用。因此，增加本年度相对短缺的牧草资源供给，可以立足地方特色秸秆资源等其他替代性资源优势，鼓励相关企业、农业组织参与替代牧草资源回收、加工、利用等生产环节，保障牧草市场供给。

牧草产业科技产出、政策及效果的国际比较

崔　姹　王明利　赵　宸　张利君　魏子昊

牧草产业是国家农业生产实现良性循环的重要基础。受传统种养观念影响,作为草食畜牧业"附属"的牧草产业的发展一直未受到重视,直到2008年"三聚氰胺"事件后,牧草特别是苜蓿等优质牧草开始受到社会关注(石自忠、王明利,2021)。发展牧草产业对于中国实现畜牧业转型升级、推进农业供给侧结构性改革、适应食品消费结构的时代转变等都具有重要意义,牧草产业成为支撑草食畜牧业稳步发展的重要产业(高海秀等,2019)。

近年来,随着科技投入及产出的增加,中国牧草产业体量和质量均取得了长足进步,科技对牧草产业发挥着极大的推动作用。但从国际视角来看,我国与牧草产业发达国家还存在诸多差距。我国牧草产业起步较晚,科技支撑产业发展力度较弱,存在基础设施条件落后、各环节技术薄弱和产业链条不完善的问题,产值低、品质不高是其所要解决的主要难题。

对于牧草产业科技的研究,较多学者从牧草产业科技贡献率的角度进行。刘玉凤等(2014)研究发现,科技进步对苜蓿产量增长的贡献份额为49.37%;张浩等(2022)测得,"十三五"期间科技进步对苜蓿产量的贡献份额为52.50%。谢华玲等(2021)等从苜蓿产业的研发机构、研究成果等对苜蓿国际发展态势进行分析。综上所述,关于牧草产业科技的研究还亟须从科技政策及其效果的国际层面进行分析,以提升我国牧草产业科技创新水平。

因此,本文从国际视角对牧草产业科技产出、科技政策进行对比,分析我国在科技产出、科技政策内容、科技支撑效果的差距,借以提出对策建议,以加强我国牧草产业科技创新,推动我国牧草产业实现提质增效、转型升级。

一、国际视角下牧草产业科技产出现状

（一）科学研究机构

从 Web of Science 检索苜蓿相关文献所属机构来看（检索日期 2022 年 8 月 31 日），从文献出版发表情况来看，美国农业部（2 534①）、加拿大农业与农业食品部（1 423）、中国科学院（1 029）、法国国家农业食品与环境研究院（1 046）为全球主要的研究机构。此外，中国农业大学（564）、中国农科院（563）也是我国重要的研究机构（见表 1）。

表 1 　　　　　　　　　　世界苜蓿产品主要研究机构分布情况

国别	主要研究机构
美国	美国农业部、美国加州大学系统、威斯康星大学系统、明尼速达大学系统等
中国	中国科学院（大学）、中国农业大学、中国农科院、兰州大学、西北农林科技大学等
加拿大	农业与农业食品部
澳大利亚	澳洲国立大学
法国	法国农业食品与环境研究院

（二）研究成果情况

论文检索来自 Web of Science 数据库（截至 2022 年 8 月 31 日），以苜蓿（Medicago Sativa）为主题共检索出 21 401 篇论文。研究方向排在前十位的是植物科学、农业、生物化学与分子生物学、环境科学、营养营养学、生理学、遗传学、化学、食品科学技术、微生物学，分别占全部论文的 82.613%、82.482%、45.017%、43.993%、29.975%、29.214%、29.059%、20.247%、18.499%、18.471%。1997~2022 年的主要研究方

---

① 括号内为文献检索数量。

向为农业、植物科学与环境科学。

从出版年份来看,研究成果主要集中在 1995 年之后。2020～2021 年研究论文较以往年份呈现增加态势,占总发文数量的 4.14%～4.83%,2007～2019 年研究论文在 3.01%～3.84%。1995～2006 年在 2.07%～2.76%,1995 年之前研究论文量较少,1925～1994 年占比在 0.01%～0.70%。

从各国研究论文的出版情况来看,1925～2022 年美国的论文总量排第一,其次为中国、加拿大、澳大利亚等。但从近五年来看,我国的论文发文总量居于第一,其次为美国、加拿大等。主要研究方向以植物科学和农业为主,但不同国家的侧重点不同(见表2)。

表2　　　　　　　　苜蓿主题相关研究论文排名前十国家

排序	国家	文献总量	1997～2022 年文献量（篇）	篇均被引频次	主要研究方向
1	美国	6 791	913	40.39	植物科学、农业、生物化学与分子生物学、环境科学
2	中国	2 645	1 313	20.73	农业、植物科学、环境科学、生物化学与分子生物学
3	加拿大	1 733	238	32.87	农业、植物科学、环境科学
4	澳大利亚	1 200	227	31.01	农业、植物科学、环境科学、生物化学与分子生物学
5	法国	1 155	198	50.05	植物科学、农业、生物化学与分子生物学、遗传学
6	西班牙	893	184	34.96	农业、植物科学、生物化学与分子学
7	德国	702	190	46.53	植物科学、农业、生物化学与分子学、环境科学
8	意大利	686	161	25.39	农业、植物科学、生物化学与分子学、环境科学
9	日本	524	95	30.94	植物科学、农业、生物化学与分子学、生理学
10	伊朗	519	166	15.24	农业、植物科学、环境科学、生物化学与分子学

资料来源:Web of Science 数据库。最近五年是指 2017 年至 2022 年 8 月 31 日。

（三）专利产出情况

数据库选用 DII 数据库，公开日截至 2022 年 8 月 31 日，以 Medicago Sativa 和 Alfafa 为检索词检索苜蓿相关的主题专利共检索到 8 375 条专利（检索）。

专利主要集中于化学、农业、生物技术与应用微生物学、食品科学与科技、仪器等领域。专利产出最多的国家为美国、德国和中国。机构为研究机构与公司等。

专利排名前十的公司或研究机构依次为先锋育种公司、中国农业科学院动物科学研究所、杜邦德尼穆尔公司、孟山都技术有限公司、陶氏益农公司、国际饲料遗传学公司、巴斯夫股份公司、中国农业大学、甘肃农业大学、巴斯夫植物科学有限公司（见表 3）。

表 3   专利申请前十机构或公司

机构	所属国家	专利数量
先锋育种公司	美国	196
中国农业科学院动物科学研究所	中国	94
杜邦德尼穆尔公司	美国	91
孟山都技术有限公司	美国	90
陶氏益农公司	美国	76
国际饲料遗传学公司	美国	63
巴斯夫股份公司	德国	61
中国农业大学	中国	58
甘肃农业大学	中国	49
巴斯夫植物科学有限公司	德国	42

资料来源：DII 数据库。

（四）品种研发情况

常规技术育成品种仍占主体。根据美国苜蓿和牧草联盟（NAFF）统计，美国采用苜蓿种子和苜蓿草料系统研究项目（AFRP）支持苜蓿种子的研发（2017年至今）。自2019～2022年，研究的主要内容围绕提高苜蓿产量进行集中于精密农机具的研发、提高苜蓿种子的抗逆性、适应性，冬季存活率的评价、苜蓿传粉等。在NAFA发布的2021年苜蓿品种等级评定结果中，16家企业的178个品种中常规育种技术品种达到128个，占72%。从种植情况看，常规技术育成品种仍是种植主体，种植面积占全球种植总面积的95%以上（ISAAA，2021）。

转基因苜蓿品种研发稳步推进。至今，全球共有5例苜蓿转基因事件获批，涉及的商品名称分别为抗草甘膦苜蓿（Roundup Ready Alfalfa）以及低木质素苜蓿（HarvXtra），育成机构均来自美国。近年来，全球转基因苜蓿种植面积呈逐年上升的趋势（ISAAA，2020），主要种植国为美国。2019年美国转基因苜蓿种植面积占全球转基因苜蓿面积超过98%，占美国当年苜蓿收获面积的19%，比2013年提高6%（USDA-ERS，2019）。

（五）产品输出情况

通过表4可以得出，以晒干苜蓿出口为主的国家主要为美国、加拿大、阿根廷、保加利亚、苏丹、罗马尼亚、南非、哈萨克斯坦。其中，阿根廷、保加利亚、苏丹、罗马尼亚、南非以草捆为主。脱水苜蓿的主要出口国家为西班牙和意大利。

脱水苜蓿由于其价格优势，逐步打开市场。我国在2014年与西班牙达成脱水苜蓿干草出口中国的协议，近几年来进口量也在逐步增长。同时，在2022年，西班牙脱水燕麦草输华协定也正式达成。《关于西班牙燕麦草输华卫生与植物卫生要求议定书》由西班牙王国农业、渔业和食品部（MAPA）与中华人民共和国海关总署（GACC）协商并达成一致。这意味着在中国畜牧业市场，西班牙不仅是脱水苜蓿干草和苜蓿团粉及颗粒的重要供应国之一，未来也将是饲用燕麦草产品的重要供应国。

表 4 主要国家苜蓿产品供应情况

国家	苜蓿产品			
	晒干苜蓿		脱水苜蓿	
	草捆	颗粒	草捆	颗粒
西班牙	×	×	√	√
美国	√	√	×	×
加拿大	√	√	×	×
阿根廷	√	×	×	×
保加利亚	√	√	×	×
苏丹	√	×	×	×
罗马尼亚	√	×	×	×
意大利	×	×	√	√
南非	√	×	×	×
哈萨克斯坦	√	√	×	×

资料来源：笔者整理。

二、牧草科技政策的国际比较

本部分主要选取苜蓿生产大国美国和我国的牧草科技政策进行比较。

（一）美国牧草产业科技政策

1. 品种培育

杂交品种的培育。美国的苜蓿育种工作从 1897～1909 年在欧亚大陆进行的苜蓿种质资源的收集和筛选开始，并根据当地苜蓿生产的实际需要，培育出了高产、优质、耐逆、抗病虫等品种。美国苜蓿育种也经历了从依赖进口到自主创新的过程。1920 年美国苜蓿年用种量的 49% 依赖进口；从 20 世纪 30 年代开始，美国就已经开始了苜蓿的产业化生产，注重科技研发投入、管理水平提高以及品种选取因地制宜；直到 1940～1943 年培育出抗细菌枯萎病品种 "Ranger" 和 "Buffalo"，美国苜蓿种业才得以恢复。

随着苜蓿深加工产品的不断丰富，美国苜蓿产业支撑起了发达的畜牧业，美国也成为国际市场上苜蓿产品的主要供给者之一，对世界苜蓿市场产生了重要影响。美国经历了对转基因苜蓿管制，放松及商业化的发展过程。美国农业部于2005年首次放松对耐除草剂（HT）苜蓿的管制。但是，在2007年，美国地方法院暂停了新的HT苜蓿种子销售，同时进一步研究了对环境的影响。HT苜蓿的采用在2010年暂停后恢复。在某种程度上，由于苜蓿倾向于（平均）每7年播种一次，与其他大田作物相比，HT苜蓿的采用率增长相对缓慢。2013年美国大约种植了81万英亩HT苜蓿，大约是当年新播种英亩的1/3。2014年，美国农业部放松了对一种新的转基因HT苜蓿品种的管制，这种品种更容易被牛消化。这种性状的商业化进一步提高了HT苜蓿的采用率。

2. 改善苜蓿饲料质量和产量

自2017年开始至今，美国农业部（USDA）国家粮食和农业研究所（NIFA）宣布支持苜蓿饲料研究计划（AFRP）。苜蓿饲料和研究计划（AFRP）是一个以苜蓿为导向的综合研究和推广计划，支持合作研究和技术转让，通过传统、有机饲料和种子生产系统提高整体农业生产力、盈利能力和自然资源保护。2017年、2018年、2021年的政策支持侧重点各有差异，如表5所示。潜在的研究领域包括：提高产量和质量；改进收获和储存系统；开发估计牧草产量和质量的方法，以支持销售和减少生产者的风险。

表5　　　　　　　　美国牧草产业相关科技政策或措施

年份	政策或措施	内容
1936	育种课题	培育杂交品种
1910	施用农药规则	一般3年一轮换，施药记录保存7年
1986~1993	6年项目计划	解决粮食、资源分配、学科交叉组织协作、通信网络和数据管理系统等问题
2013	国家有机计划	响应农药残留检测结果；有机作物年度幼苗和种植库存；评估有机牲畜饲料
2017	苜蓿饲料研究计划	提高苜蓿饲料行业的生产力、盈利能力、保护苜蓿饲料行业的发展

年份	政策或措施	内容
2018	苜蓿饲料研究计划	提高苜蓿产量和质量；改善收获和储存系统；制定估算饲料产量和质量的方法，以支持销售并降低生产者风险；探索苜蓿的新用途
2021	苜蓿饲料研究计划	探索紫花苜蓿的新用途；提高紫花苜蓿种子的产量和质量
2021	苜蓿产量提高和秋季休眠表征计划	提高苜蓿生物产量及种植地区经济生存能力

资料来源：美国农业部网站。

同时，2021 年美国农业部开始实施苜蓿产量提高和秋季休眠表征计划。该计划应用遗传标记来快速改变选择周期，以及通过调节秋季休眠来增加秋季产量，同时保持冬季耐寒性。通过加速选择周期和调节秋季休眠，使植物生长到秋季和初冬，可以提高年总产量。

3. 严格质量管理

对使用农药的规定及要求。美国的牧草生产从牧草品种的改良、农业机械的发明，到合理施肥，走过了一段漫长的发展道路。美国西部高原的气候条件为牧草生长、收割、翻晒等提供了优越条件。当地农户利用适宜的土壤、水、气候等自然资源科学种植，根据土壤、气候的不同，农药一般 3 年一轮换。施用农药都是美国农业部批准的，以保证牧草的质量。相关农药的施药记录要求保存整整 7 年，以备相关部门随时检查（见表5）。

严格饲料加工企业的质量管理。美国饲料企业生产管理先进，饲料生产线实现计算机控制，确保了饲料生产工艺和加料配方执行的准确性。政府和企业十分注重科技研发工作。政府每年拿出大量资金，扶持和鼓励科研院所不断开发新的技术；企业内部设有自己的研发机构和实验室，进行新技术和新产品研发，并大力推广和普及先进技术，采用高效率的经营模式和管理方法，进而实现资源的高效转化。

（二）中国牧草产业科技政策

中国牧草产业起步较晚，相关的科技支撑政策作为牧草生产、生态政策的一部分来制订，主要集中于草种研发、新品种审定认证、共性与关键技术的研究与实验推广。在西藏地区有专门的科技支撑草业发展计划的制订，主要针对科技支撑推动草种生产基地建设、草种加工仓储体系、草种繁育技术体系的建设。

1. 品种培育与扩繁

品种培育。高产优质牧草品种是保证我国草牧业可持续发展的关键。但我国牧草育种起步晚，工作进程缓慢，缺乏具有自主知识产权的牧草品种。我国苜蓿用种量的80%以上依赖进口，但由于与国外的气候及土壤条件不同，有些国外品种具有造成巨大经济损失的风险。特别是随着全球气候变化，极端天气频发，限制了我国苜蓿生产。我国从1987年开始审定牧草新品种，2011年，国家出台新的管理规定。2016年，《全国草食畜牧业发展规划（2016—2020年）》提出培育适应性强的优良牧草新品种，提高草种的自给率。2020年提出推进种子生产认证。

品种扩繁。对于品种扩繁的支持政策经历了从支持草种子扩繁基地建设到逐步完善草种繁育技术体系。2016年，国家政策提出推进草种保育扩繁推广一体化发展，加强牧草种子繁育基地建设；2017年提出提升苜蓿良种生产能力，加强优质苜蓿基地建设。2020年提出完善草种繁育技术体系，逐步形成草品种集中生产区。《"十四五"全国饲草产业发展规划》推进培育优良品种、良种扩繁、完善种质资源保护。

在国家政策的支持下，我国自1987～2021年，共培育了109个苜蓿品种。但目前我国只有"蒙草生态"一家上市公司以草为主要业务，致力于种质资源库建设、核心品种选育、规模化扩繁和市场推广，与2家跨国草业种企相比发展还非常滞后。

2. 技术应用及推广

技术应用及推广主要的支持政策或措施主要集中于生产过程中关键技术的突破。主要以推进生产中的栽培、收贮及饲喂技术为主，推广产品的种类由苜蓿向种类多样化转变。

从2009年国家建立牧草产业技术体系，致力于解决关键技术开始，至2012年《振兴奶业苜蓿发展行动》，对苜蓿生产提出应用标准化技术、改善生产条件和加强苜蓿质量管理等。《全国苜蓿产业发展规划（2016—2020年）》，提出推广应用饲草料高效调制技术、推广青贮苜蓿饲喂技术、总结推广粗饲料就地供应典型技术模式。意味着对于技术应用的政策或措施由关注苜蓿生产环节向关注苜蓿使用转移，注重提高苜蓿产品的使用效率。

2022 年，原有的苜蓿产业规划改为牧草产业规划。《全国现代饲草产业发展规划（2021—2030 年）》提出推进苜蓿、青贮玉米、燕麦草先进栽培技术、收贮技术，标志着国家支持牧草产品的种类逐步多样化（见表 6）。

表6　　　　　　　　　　中国牧草产业相关科技政策或措施

政策或措施	年份	科技推进相关内容
全国牧草饲料作物品种审定标准及办法	1987	新品种审定流程
京津风沙源治理工程	2000	草种基地建设
关于下达 2003 年退牧还草任务的通知	2003	退化草地治理
岩溶地区石漠化综合治理工作	2008	人工种草、草地改良
国家牧草产业技术体系成立	2009	进行共性技术和关键技术研究、集成、试验、示范、推广和培训，解决牧草产业发展的技术问题
2011 年草原生态保护补助奖励机制政策实施指导意见	2011	牧草良种补贴
草品种审定管理规定	2011	管理机构设定、申请和受理、审定和公告等相关流程的规定
振兴奶业苜蓿发展行动	2012	高产优质苜蓿示范区建设，重点在于推行苜蓿良种化、应用标准化技术、改善生产条件和加强苜蓿质量管理等
开展"粮改饲"试点	2015	优质饲草料收贮
出台文件《全国草食畜牧业发展规划（2016—2020 年）》	2016	推进草种保育扩繁推广一体化发展，培育适应性强的优良牧草新品种。加强牧草种子繁育基地建设，不断提升牧草良种覆盖率和自育草种市场占有率
种养业良种工程 2018 年中央预算内投资计划	2017	牧草良种工程推进、种质资源保护、育种创新、种子基地建设、种子加工设备、监测设备等配套设施
关于推进奶业振兴保障乳品质量安全的意见	2018	建设高产优质苜蓿示范基地，提升草产品质量，推进饲草料品种专业化

政策或措施	年份	科技推进相关内容
出台文件《2021—2023 年农机购置布置实施指导意见》	2021	重视发挥农机购置补贴引导作用，支持提高苜蓿等牧草生产机械化水平
科技支撑草业发展三年行动计划（西藏自治区）	2020	推动种子生产认证、建设育繁推一体化的草种生产基地、建立草种加工仓储体系，完善草种繁育技术体系
国家林业和草原局关于促进林草产业高质量发展的指导意见	2022	启动草业良种工程，加大优良草种繁育体系建设力度，逐步形成草品种集中生产区
"十四五"奶业竞争力提升行动方案	2022	建设高产优质苜蓿基地，提高国产苜蓿品质，推广青贮苜蓿饲喂技术，总结退关粗饲料就地供应典型技术模式
"十四五"全国饲草产业发展规划	2022	推进苜蓿、青贮玉米、燕麦草先进栽培技术、收贮技术，推进培育优良品种、良种扩繁、完善种质资源保护，提升机械化水平

3. 配套设施技术水平

推进配套设施机械化水平提高的支持政策主要由提高生产机械化水平向全产业链水平提升，并针对现有研发薄弱环节，对不同地区机械的研发提出了新要求。《全国苜蓿产业发展规划（2016—2020 年）》中开始正式提出推进苜蓿生产机械化水平；2021 年《2021—2023 年农机购置布置实施指导意见》提出，通过发挥农机购置补贴引导作用，支持提高苜蓿等牧草生产机械化水平；《全国现代饲草产业发展规划（2021—2030 年）》提出推进机械化水平，重点在提升饲草产业全程机械化水平，打捆及加工环节的自动化水平，并提出加快研发适宜丘陵山区的种植和加工机械。

推进配套设施技术水平的政策还体现在推进优质饲草收贮技术的提高和加强种子专用收获、加工、监测机械设备的研发。2015 年"粮改饲"政策推进优质饲草收贮技术的研发；关于种子配套设施的研发，《种养业良种工程 2018 年中央预算内投资计划》提出加强种子加工设备、监测设备等配套设施的建设。在《"十四五"全国饲草产业发展规划》中提出加强饲草种子专用收获机械研发和推广。

4. 管理机构及流程规范性

流程规范性主要在于种子审定流程的规范性。1987 年、2011 年分别发布了《全国牧草饲料作物品种审定标准及办法》《草品种审定管理规定》等。2011 年对于草品种审定的管理机构，申请和受理等相关流程进行了重新完善。

（三）对比分析

1. 品种培育支持政策对比

我国的品种培育政策较美国起步晚。但从两国苜蓿品种的对外依赖度来看，美国在 1920 年也曾经历过依赖进口到自主开发的过程。我国目前的苜蓿品种国有化程度还不高，正在经历从依赖进口到自主开发的过程，较美国的发展起步要晚。从两国的支持政策来看，美国从 1936 年就开始相关的研究支持苜蓿品种培育，同时研发政策也有专门针对苜蓿产业的政策出台。而我国专门支持苜蓿品种培育措施从 2009 年国家牧草产业技术体系成立，政策文件从《全国苜蓿产业发展规划（2016—2020）》才开始。

从内容看，美国苜蓿生产研究计划从 2017 年起步至今，每年的研究计划的重点不同，主要针对品种的质量与产量进行研究开发。美国注重优良苜蓿品种的研发和选育，利用育种技术、细胞融合和基因工程等先进技术，种植高产量、高品质以及有多种抗性的苜蓿品种。而我国牧草生产品种的研发从早期注重苜蓿的研发到现在多样化的研发，重点在于良种化的培育、良种扩繁的展开。

2. 生产技术支持政策对比

美国作为苜蓿的主要生产国，拥有成熟的设备及技术，形成了完善的饲草种植、田间管理、收割、青贮或干草调制、商品化过程，其生产的苜蓿干草产品大量出口。从对生产技术支持看，美国制订专门的研究计划提高苜蓿种子产品的质量和产品生产能力的提升，并注重农药的规范性使用。其他的共性问题支持政策在农业法案体现；我国有专门的产业技术体系用来解决生产中的关键共性技术。2017 年开始从国家层面上专门提出政策支持苜蓿产业的发展，主要对良种化、机械化水平的提升提出指导性意见，说明我国苜蓿产业的重视程度逐步提升，但对种子、农药、化肥的规范性使用还需在政策上进一步加强。

3. 其他政策对比

我国和美国在其他科技政策的区别主要在于，我国和美国牧草产业发展水平不同，其他配套政策重点也不同。美国其他政策的支持主要是改善收获和储存系统，制定估算饲草产量和质量的方法，降低生产者风险，探索苜蓿的新用途上，注重产业的平稳发展。我国其他牧草科技政策主要体现在农户使用良种补贴，提高饲草产业集聚等，着重点在于扩大牧草产业的发展。

三、科技支撑下牧草产业成本收益国际比较

科技的作用最终体现在生产上。本部分主要选取我国进口量较大的苜蓿干草和脱水苜蓿团粉及颗粒较大的国家美国，主要从劳动生产率、土地劳动生产率和投入产出率视角对成本收益竞争力进行分析。

（一）总体情况对比

从总体种植面积看，2016～2019 年美国种植面积较稳定，到 2020 年下降为 9 851.6 万亩，年均下降率为 0.96%；受土地及粮食政策的影响，自 2018 年开始，我国苜蓿种植面积开始下滑，年均下降率为 7.57%。中国与美国苜蓿种植面积之比为 0.33～0.47，比例一直呈现下降的趋势（见表 7）。

表 7　　　　　　2016～2020 年中美两国苜蓿总体种植情况对比　　单位：万亩

年份	美国	中国
2016	10 336.603	4 908.5
2017	10 323.249	4 805.8
2018	10 081.056	4 616.5
2019	10 163.001	3 477.7
2020	9 851.61	3 310.0

资料来源：历年《中国草业统计》与《美国农业统计》。

从总产量看，我国和美国苜蓿总产量呈现下降的趋势。2016~2020年，美国苜蓿产量下降幅度为 1.96%，中国苜蓿产量下降幅度为 9.44%。结合上述对种植面积下降幅度的分析，美国苜蓿产量下降的原因一部分是由于种植面积的下降，另一部分是受恶劣天气的影响单产下降。而我国苜蓿产量下降的最主要原因在于种植面积的下降，单产的变化对其影响较小（见表 8）。

表 8   **2016~2020 年中美两国苜蓿产量情况对比**   产量：万吨

年份	美国	中国
2016	5 315.11	3 025.70
2017	5 062.15	2 933.57
2018	4 773.90	2 250.00
2019	4 977.16	—
2020	4 813.18	1 843.08

资料来源：历年《中国草业统计年鉴》与《美国农业统计年鉴》。

从两国苜蓿生产成本收益总体情况看，美国呈现总成本降、收益升的特征。成本下降的主要原因在于种子费、机械费和化肥费用的下降。我国呈现成本与收益共同上升的特征。我国成本上升的主要原因在于化肥、劳动力成本的上升。收益上升的原因主要在于产量的上升（见表 9）。

表 9   **2016~2021 年不同国家苜蓿生产成本收益对比**

国家	年份	种子费（元/亩）	机械费（元/亩）	化肥（元/亩）	劳动力（元/亩）	地租费（元/亩）	其他（元/亩）	总成本（元/亩）	产量（千克）	价格（元/千克）	纯收益（元/亩）
美国	2016	29.57	180.29	162.13	94.81	185.96	22.26	675.01	896.74	1.00	221.73
	2017	31.60	166.08	120.91	96.09	182.94	21.72	619.35	896.74	1.14	402.93
	2018	24.40	155.03	122.68	94.25	158.55	15.26	570.17	896.74	1.22	523.85
	2019	21.03	169.24	149.42	83.89	173.29	19.56	616.43	896.74	1.32	567.27
	2020	24.32	174.04	147.00	89.39	181.81	18.51	635.07	896.74	1.30	530.69
	2021	21.95	150.85	137.50	86.44	174.31	21.46	592.51	896.74	1.54	788.47

国家	年份	种子费（元/亩）	机械费（元/亩）	化肥（元/亩）	劳动力（元/亩）	地租费（元/亩）	其他（元/亩）	总成本（元/亩）	产量（千克）	价格（元/千克）	纯收益（元/亩）
中国	2016	16.34	153.57	125.10	71.28	243.22	49.13	658.64	677.59	1.67	472.95
	2017	15.28	168.96	97.26	92.37	202.60	49.85	626.32	604.88	1.62	353.59
	2018	15.05	173.00	111.88	69.24	151.21	56.66	577.04	626.47	1.83	569.40
	2019	17.05	193.93	108.33	93.60	156.17	90.08	659.16	662.27	1.91	605.78
	2020	16.14	191.2	100.51	75.83	156.35	85.65	625.68	660.17	2.04	721.07
	2021	20.67	214.04	114.04	92.49	250.89	104.27	796.4	771.49	1.93	692.58

注：产量为预计产量。

资料来源：美国机械费包括播种的机械费和收割的机械费。美国产量和价格数据来自《美国农业年鉴》。中国苜蓿成本收益数据来源于国家牧草产业技术体系经济岗的监测数据。为了更好进行比较，将美国短吨折算成公吨。按照1短吨=0.907吨进行折算。

（二）投入产出竞争力分析

投入产出竞争力从劳动生产率、投入产出率和土地产出率等三率进行比较。

劳动生产率是指劳动投入与产出的比率。从劳动投入与产出比看，我国苜蓿的劳动生产率远低于美国苜蓿生产，主要原因在于我们苜蓿生产全程机械化程度较美国低。据美国爱荷华州立大学的苜蓿生产跟踪统计，2016～2021年苜蓿生产每年投入的劳动力1.15小时/亩/年（按照单产896.74千克/亩，收割三茬推算，将英亩折算为亩）；根据我国牧草产业体系跟踪调查数据人工费推算，2016～2021年苜蓿生产每年投入的劳动费用分别为71.28元/亩、92.37元/亩、69.24元/亩、93.6元/亩、75.83元/亩、92.49元/亩；平均年投入劳动力费用为82.46元/亩，每年的劳动力投入约为8小时/亩。

土地产出率是指土地产出的牧草产量。本文以苜蓿的干草产量进行对比。从能获取到的数据看，我国土地产出率低于美国，但呈现差距逐步缩小的态势，2016～2021年美国是我国1.17倍。美国和我国的土地产出率比值由2016年的1.27逐步缩小至2021年的1.07。

投入产出率是指苜蓿种植收益与成本的比值。两国投入产出率自2016年以来大致呈现上升态势，但我国投入产出率的增长速度低于美国。2016～2021年投入产出率平均值大致相当，主要得益于我国2019以来投入产出率的提高，2016～2021年美国分别是我国的0.77倍、1.05倍、0.96倍、1.0倍、0.89倍、1.24倍。在2016～2021年当中有3年美国的投入产出率高于我国。

比较来看，我国苜蓿劳动生产率、土地产出率与投入产出率都与美国有一定差距，但在近几年我国助推牧草产业的大力发展下，土地产出率与投入产出率与美国的差距逐步缩小，劳动生产率水平还有待提高（见表10）。

表10　　　　　　　苜蓿土地产出率、投入产出率比较

指标	年份	中国	美国
土地产出率（千克/亩）	2016	460.11	586.06
	2017	471.26	554.67
	2018	—	544.20
	2019	—	539.42
	2020	503.00	540.21
	2021	—	551.68
投入产出率	2016	1.71	1.33
	2017	1.56	1.65
	2018	1.98	1.92
	2019	1.91	1.92
	2020	2.15	1.83
	2021	1.86	2.33

资料来源：土地产出率来自《中国草业统计》、美国农业数据库，投入产出率来自国家牧草产业体系和美国爱荷华州立大学大学的跟踪调研数据。美国土地产出率主要指干草产出率。将美国短吨按照1短吨=0.907吨，1英亩=6.07亩进行折合。

（三）苜蓿生产成本竞争力分析

从总成本来看，2016～2021年我国苜蓿生产单位面积总成本平均值为657.20元/亩，高于美国的618.09元/亩。2021年，我国苜蓿生产单位面积的总成本为796.4元/亩，是美国的1.34倍（见表11）。

表 11 　　　　　　　　 **2016～2021 年苜蓿生产成本国际比较**

指标	年份	中国	美国
单位面积的总成本（元/亩）	2016	658.64	675.01
	2017	626.32	619.35
	2018	577.04	570.17
	2019	659.16	616.43
	2020	625.68	635.07
	2021	796.40	592.15
单位面积土地成本（元/亩）	2016	243.22	185.96
	2017	202.60	182.94
	2018	151.21	158.55
	2019	156.17	173.29
	2020	156.35	181.81
	2021	250.89	174.31
单位面积的劳动力投入成本（元/亩）	2016	71.28	94.81
	2017	92.37	96.09
	2018	69.24	94.25
	2019	93.60	83.89
	2020	75.83	89.39
	2021	92.49	86.44
单位面积的机械投入成本（元/亩）	2016	153.57	180.29
	2017	168.96	166.08
	2018	173.00	155.03
单位面积的机械投入成本（元/亩）	2019	193.93	169.24
	2020	191.20	174.04
	2021	214.04	150.85
单位面积的化肥投入成本（元/亩）	2016	125.10	162.13
	2017	97.26	120.91
	2018	111.88	122.68
	2019	108.33	149.42
	2020	100.51	147.00
	2021	114.04	137.50

续表

指标	年份	中国	美国
单位面积的种子投入成本（元/亩）	2016	16.34	29.57
	2017	15.28	31.60
	2018	15.05	24.40
	2019	17.05	21.03
	2020	16.14	24.32
	2021	20.67	21.95

资料来源：国家牧草产业体系和美国爱荷华州立大学的跟踪调研数据。

从总成本变化趋势看，除 2020 年、2021 年，我国与美国苜蓿生产成本基本呈现相同的变化趋势。从总成本降低幅度看，美国下降速度较快。2016～2021 年，美国总成本的总下降率为 5.92%，而我国为 5%（见图 1）。

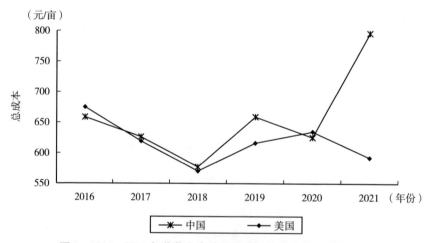

图 1　2016～2021 年苜蓿生产单位种植面积的总成本变化趋势

资料来源：国家牧草产业体系和美国爱荷华州立大学的跟踪调研数据。

从各项成本的构成情况看（见表 11 和图 2），2016～2021 年，我国苜蓿生产单位面积种子费用平均值为 16.76 元/亩，低于美国的 25.48 元/亩。

2021 年，我国苜蓿生产单位面积的种子费用为 20.67 元/亩，是美国的 0.81 倍。2016～2021 年机械费用平均值为 182.45 元/亩，高于美国的 165.92 元/亩。2021 年，我国苜蓿机械费用为 214.04 元/亩，是美国的 1.42 倍。2016～2021 年苜蓿化肥费用平均值为 109.52 元/亩，低于美国的 139.94 元/亩。2021 年我国苜蓿生产的化肥费用为 114.04 元/亩，是美国的 0.83 倍。2016～2021 年劳动力费用平均值为 82.87 元/亩，低于美国的 90.81 元/亩。2021 年，我国苜蓿生产的劳动力费用为 92.49 元/亩，是美国的 1.07 倍。2016～2021 年地租费用平均值为 193.41/亩，高于美国的 176.14 元/亩。2021 年，我国苜蓿生产的地租费用为 250.89 元/亩，是美国的 1.44 倍。

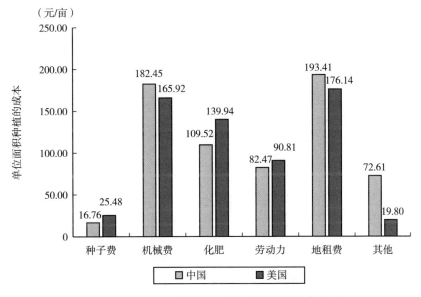

图 2　2016～2021 年苜蓿生产单位种植面积的成本对比

资料来源：国家牧草产业体系和美国爱荷华州立大学的跟踪调研数据。

从成本构成占比看，与美国相比，2016～2021 年我国苜蓿生产成本由高到低依次为土地成本、机械成本、劳动力成本、其他成本、种子成本，占比分别为 29.28%、27.85%、12.58%、10.95% 和 2.55%；美国占比分别为 28. 51% 、26. 84% 、14. 73% 、3. 20% 和 4. 12% 。从各项成本占比看，我国土地成本与机械成本占比高于美国，分别高 0. 77 个百分点和 1. 02 个百分点。我国土地成本近几年持续上涨。相对于美国来讲，我国的土地成本 2016～2021 年达到 193. 41 元/亩，而美国为 176. 14 元/亩。我国土地成本上涨的原因主要在于粮食价格的上涨拉动地租的上升。我国的机械费用在 2017 年以后略高于美国，主要的原因在于我国农业机械化的推进。我国《"十四五"全国农业机械化发展规划》中提出农作物耕种收综合机械化率达到 75% 。我国苜蓿种子成本、劳动力成本、化肥成本占比低于美国，分别低 1. 57 个百分点、2. 15 个百分点、5. 82 个百分点（见图3）。我国苜蓿种子成本低于美国，主要在于我国种子的净种率、出芽率及抗旱抗冻等性能等与美国还有差距。我国劳动力成本低于美国的主要原因在于，虽然我国近几年来劳动力工资成本上升，但低于美国的工资水平。

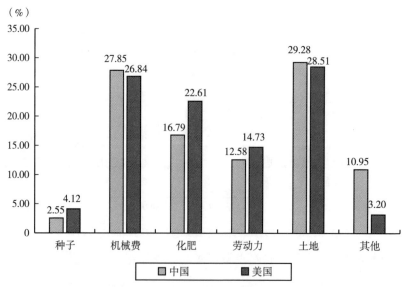

图3 2016～2021 年苜蓿单位种植面积的投入结构

注：图中数值为该投入的占比。
资料来源：国家牧草产业体系和美国爱荷华州立大学的跟踪调研数据。

四、主要结论与政策建议

（一）主要结论

1. 牧草科技产出美国占据主导地位，中国居于前三位

文献发表数量由多到少为美国、中国和加拿大；专利数量由多到少依次排序为美国、德国和中国，我国的专利申请机构为研究机构，美国和德国为公司；美国品种研发以常规技术育成品种为主体，转基因苜蓿品种研发不断推进。世界苜蓿出口国家产品以晒干苜蓿为主，脱水苜蓿呈增加趋势。

2. 牧草产业科技政策涵盖品种培育、生产技术支持及配套设施支持等，但各国政策支持重点不同

美国牧草科技支持政策主要以苜蓿产品为主；我国牧草科技支持政策由苜蓿产品向多样化产品支持转变。美国品种培育支持政策以提高品种的质量与产量为重点，我国以良种化培育与扩繁为主；在生产技术政策支持上，与其他国家相比，我国在牧草种子、农药、化肥的规范性的政策或措施还有待加强。

3. 在科技支撑下，苜蓿生产总成本呈现下降趋势，土地产出率、投入产出率与劳动产出率呈现上升趋势

2016～2021 年美国苜蓿总成本下降率为 5.92%，我国为 5%；我国土地产出率与投入产出率与美国的差距逐步缩小，劳动生产率水平还有待提高；我国苜蓿机械成本占比高于美国 1.02 个百分点；我国苜蓿种子成本、化肥成本占比分别低于美国 1.57 个百分点、5.82 个百分点。

（二）政策建议

1. 提高牧草科技成果转化能力

从以上分析结果可以看出，我国牧草产品文献、专利发文量居世界前列，但我国现有牧草品种对外依赖程度还很高，故亟须加强我国牧草科技

创新成果转换能力。

一是提升科技创新成果的实际应用性。扫除科技成果进入经济循环的障碍，使其实用性通过市场检验与完善，提高科技成果转移转化的质量。二是健全科技创新成果转化机制。目前科技成果转化缺乏金融支持、供需双方对接不畅等一些老问题尚未得到解决，需深化科技成果权属、转化收益分配等方面的制度改革，切实贯通科技成果转化全流程，实现成果转化效率和成功率的双提升，有效释放科技成果转化的网络效应。三是建立科研机构与企业的稳定合作关系，强化企业创新的主体作用。企业是实施创新驱动发展战略的中坚力量，要强化企业科技创新主体作用，要充分发挥大企业的支撑引领作用，整合创新资源，与高校、科研院所联合组建创新联合体。

2. 增强我国牧草科技政策的落地性

"科技政策要扎实落地"是 2021 年中央经济工作会议部署的七大任务之一。在当前不确定的外部环境下，我国牧草产业发展面临着巨大挑战。从我国与美国的牧草科技政策对比来看，我国的牧草科技推进政策很多，但其推动作用还需加强。一是需强化建立健全推进政策的短期、中期、长期规划，落实相关部门权责分工，强化对改革实效的监测、追踪与评价，持续优化管理服务体系、业务规范体系和政策法规体系。二是建立反馈循环机制。及时听取实施主体的意见，有问题及时动态调整，提高政策的针对性和实效性。

3. 牧草科技政策向重点薄弱环节倾斜发力

从科技支撑对产业的发展效果来看，我国在牧草种子生产、机械化水平等方面仍然与苜蓿生产大国仍存在差距。当前，国际种业进入抢占战略制高点和经济增长点的机遇期，呈现出高新化、一体化、寡头化的发展趋势，农业发达国家迈入以"生物技术＋人工智能＋大数据信息技术"为特征的育种 4.0 时代。从政策角度来，应强化科技保障，加快构建符合市场需求的草种育种体系，增强国产化优质草种的供给能力。在提高机械化生产方面，政策应在提高牧草机械化水平、适应性、耐用性及性价比上发力。

宁夏彭阳县牧草产业发展现状、突出制约及政策建议

杨　春　　王明利

结合国家牧草产业技术体系服务县域经济发展研究任务安排，产业经济研究室相关成员于 2022 年 7 月 14 日至 16 日，对宁夏彭阳县牧草产业发展情况进行了调研。近年来宁夏彭阳县在利好政策带动下，草食畜牧业稳步发展，2022 年前三季度牛羊出栏同比分别增长 5.3%、14.4%。彭阳县对牧草产业发展高度重视，探索了相关的典型做法，主要有开展牧草品种改良，推进牧草规模化、专业化发展，创新牧草产业发展模式，逐步重视牧草高质量发展，政府牵头着力解决饲草紧缺问题等。值得注意的是，受近年来草食畜牧业养殖规模扩大、旱灾等多方因素影响，饲草市场紧缺问题突出，价格持续上涨。建议因地制宜，采用灵活用地政策；全力提升饲草供给能力，破解饲草紧缺；加强关键技术突破，重视适宜机械研发推广；完善社会化服务体系。现将相关情况汇报如下。

一、草食畜牧业发展情况

彭阳县是以畜牧业为主的农业县。近年来，彭阳县草食畜牧业一直保持稳定发展势头。2022 年一季度，全县畜牧业总产值为 3.15 亿元，占农林牧渔业总产值的 81.2%。2021 年，彭阳县农林牧渔业总产值 2.86 亿元，农业总产值 1.61 亿元，牧业总产值 1.00 亿元，占比 35.2%。

（一）牛羊养殖情况

彭阳县草食牲畜主要是肉牛、肉羊。多年来，在脱贫攻坚等利好政策持续带动下，牛羊养殖稳定发展。从 2018 年以来，彭阳县牛羊养殖总体持续保持增长态势。2022 年前三季度，彭阳县牛出栏 4.76 万头，同比增

长 5.3%；羊出栏 19.88 万只，同比增长 14.4%。2021 年，彭阳县牛存栏 11.2 万头，比上年增长 5.8%；羊存栏 24.7 万只，比上年增长 13.4%；牛出栏 6.5 万头，比上年增长 1.8%；羊出栏 25.8 万只，比上年增长 2.4%；牛肉产量 1.1 万吨，比上年增长 3.9%；羊肉产量 4 697 吨，比上年增长 1.2%（见表 1）。

表1   宁夏彭阳县草食牲畜养殖情况

年份	牛			羊		
	牛存栏（万头）	牛出栏（万头）	牛肉产量（万吨）	羊存栏（万只）	羊出栏（万只）	羊肉产量（吨）
2018	8.6	6.8	—	21.8	28.2	—
2019	9.5	6.1	—	21.2	27.2	—
2020	10.6	6.4	1.0	21.8	25.2	4 641
2021	11.2	6.5	1.1	24.7	25.8	4 697
2022 年前三季度	—	4.76	—	—	19.88	—

资料来源：根据彭阳县人民政府网上公布的数据整理。

地方牛羊利好政策持续发力。近年来彭阳县出台了"以奖代补"政策，采用"先建、后验、再补"，对新建养殖规模 500 个羊单位、1 000 个羊单位、1 500 个羊单位（牛羊均可）的养殖场，分别补奖 15 万元、30 万元、45 万元。政策实施 3 年以来，累计新建 25 个肉牛养殖场（100 头规模以上的），76 个肉羊养殖场（500 只规模以上）。《彭阳县 2022 年肉牛繁育见犊补母项目实施方案》中，通过见犊补母政策，对每头母牛补贴 1 000 元。

（二）牧草生产稳定发展

1. 牧草种植情况

目前，彭阳县人工牧草种植面积为 79.5 万亩，干草年产量 100 万吨以上。其中优质苜蓿面积 18.5 万亩、青贮玉米面积 20 万亩、粮饲兼用玉米面积 40 万亩，燕麦草、小黑麦等 1 万亩。粮改饲项目方面，12 个乡镇 765 户，累计实现收贮青贮玉米 16.12 万吨，发放补贴资金 991.67 万元。

2. 市场行情

2022 年，牧草市场供应持续偏紧，价格明显上涨。根据对彭阳县荣发农牧有限责任公司的调研，2022 年第一茬苜蓿草的最高价为 2 950 元/吨，平均价为 2 800 元/吨。固原宝发农牧有限责任公司彭阳县分公司介绍，苜蓿地头价为 2 800 元/吨，预计冬季将达到 3 500 元/吨。彭阳县古城乡温沟村种植户反映高粱（青贮）市场价 800 元/吨。2021 年彭阳县跟踪的种植户的苜蓿干草价格在 1 400～2 000 元/吨（见表 2）。

表 2   宁夏彭阳县牧草价格情况

年份	调研企业/种植户	牧草	价格（元/吨）
2021	彭阳县小岔乡吊岔村种植户	苜蓿	1 800
	彭阳县王洼乡姚岔村种植户	苜蓿	1 800
	彭阳县小岔乡小岔村种植户	苜蓿	1 400
	彭阳县王洼乡花芦村种植户	苜蓿	2 000
2022	彭阳荣发农牧有限责任公司	苜蓿（第一茬）	最高价为 2 950，平均价为 2 800
	固原宝发农牧有限责任公司彭阳县分公司	苜蓿（地头价）	2 800
	彭阳县古城乡温沟村种植户	高粱（青贮）	800
	彭阳县孟塬乡双树村种植户	苜蓿	2 100
	彭阳县红河乡韩堡村种植户	苜蓿	2 000

资料来源：彭阳县调研座谈会及种植户问卷调研获得。

3. 成本收益情况

根据国家牧草产业技术体系产业经济岗历年收集的宁夏地区调研问卷分析，苜蓿种植纯收益波动增长，青贮玉米种植纯收益先降后增。2022 年，该地区苜蓿种植纯收益为 966.65 元/亩，市场价格为 2 450 元/吨，为

近年来的最高水平；青贮玉米种植纯收益为 973.81 元/亩，市场价格为
630 元/吨，为近年来的最高水平（见表 3 和表 4）。

表 3　　　　　　　　宁夏苜蓿种植成本收益情况

年份	总成本 （元/亩）	单位产量 （千克/亩）	单位价格 （元/千克）	总收益 （元/亩）	纯收益 （元/亩）
2014	464.91	441.97	1.82	804.39	339.48
2015	662.06	675.04	1.72	1 161.07	499.01
2016	680.68	638.88	1.48	945.54	264.86
2017	665.61	672.98	1.31	881.60	215.99
2018	448.38	554.54	1.77	981.54	533.16
2019	732.70	598.76	1.71	1 026.02	293.32
2020	511.09	523.09	1.79	936.34	425.25
2021	1 046.92	872.78	2.08	1 813.44	766.52
2022	1 116.13	850.66	2.45	2 082.78	966.65

资料来源：国家牧草产业技术体系调研收集。

表 4　　　　　　　　宁夏青贮玉米种植成本收益情况

年份	总成本 （元/亩）	单位产量 （千克/亩）	单位价格 （元/千克）	总收益 （元/亩）	纯收益 （元/亩）
2014	1 050.75	4 500.32	0.50	2 248.16	1 197.41
2015	1 024.09	4 089.52	0.47	1 916.66	892.57
2016	1 072.21	4 390.13	0.47	2 055.13	982.92
2017	1 051.21	4 409.27	0.44	1 927.99	876.78
2018	1 067.53	3 796.48	0.45	1 695.72	628.20
2019	776.00	3 677.50	0.37	1 360.68	584.68
2020	707.00	3 231.25	0.41	1 324.81	617.81
2021	1 258.231	3 595.38	0.57	2 060.43	802.20
2022	1 337.50	3 668.75	0.63	2 311.31	973.81

资料来源：国家牧草产业技术体系调研收集。

据对彭阳县种植户的调研，苜蓿青贮的收益要高于苜蓿干草，2022年，苜蓿干草每亩纯收益为463.60元，市场价格为1840元/吨；苜蓿青贮每亩纯收益为750.00元，市场价格为800元/吨（见表5）。

表5　　　　　　　　宁夏彭阳县苜蓿种植成本收益情况

产品类型	年份	总成本（元/亩）	单位产量（千克/亩）	单位价格（元/千克）	总收益（元/亩）	纯收益（元/亩）
苜蓿干草	2017	370.00	500.00	1.30	650.00	280.00
	2019	260.00	450.00	1.60	720.00	460.00
	2020	180.00	410.00	1.20	492.00	312.00
	2022	379.40	450.00	1.84	843.00	463.60
苜蓿青贮	2021	424.00	1 500.00	1.00	1 500.00	1 076.00
	2022	450.00	1 500.00	0.80	1 200.00	750.00

资料来源：国家牧草产业技术体系调研收集。

二、典型做法

（一）开展牧草品种改良

近年来，彭阳县结合国家牧草产业技术体系的实验研究合作，逐步引进筛选出当地的优良牧草品种。苜蓿品种主要有甘农4号、甘农3号、佰苜341等17个，青贮玉米品种主要有银玉238、兴贮88、GK929等35个。目前，彭阳县牧草良种覆盖率为100%。

（二）推进牧草规模化、专业化发展

在传统山地牧草种植的基础上，逐步开拓了平地牧草种植发展，推进了牧草规模化、专业化进程。目前，已建成万亩苜蓿种植示范点2个（王洼路寨、交岔庙庄），万亩苜蓿种植示范点20个（城阳长城、草庙周庄、罗洼嶂岘等），高效节水紫花苜蓿示范基地1个（孟塬乡1500亩）。

（三）创新牧草产业发展模式

一是注重培育龙头企业。目前，已引进培育宝发、荣发（区级）草业龙头企业 2 家。二是逐步发展收购加工企业。当前，已形成国银、占福、汇金源等牧草收购加工企业。三是建设饲草配送中心。彭阳县已有饲草配送中心 3 个，目前正在建设 6 个饲草配送中心，全年青贮优质饲草 50 万立方米，保障草食牲畜的优质饲草供给。四是注重完善社会化服务组织体系。结合牧草产业化发展需要，加强了牧草合作社、首蓿机械化服务队发展。

（四）逐步重视牧草高质量发展

彭阳县印发了《2022 年彭阳县草畜产业高质量发展实施方案》，对草畜产业的高质量发展进行合理规划。从座谈会的交流中，了解到企业及合作社对饲草单产、品质的重视程度明显提升。种植企业加强了提质增效技术的采纳运用。彭阳荣发农牧有限责任公司介绍，为提升牧草品质，公司 2022 年提前了首蓿第一茬收割时间（2022 年 5 月 22 日收割，2021 年为 6 月 3 日），并取得了显著成效，首蓿第一茬收割的蛋白含量为 22%（2022 年 5 月 22 日收割）、21%（2022 年 6 月 1 日收割）、19%（2022 年 6 月 10 日收割），单产为 400 千克/亩。

（五）政府牵头着力解决饲草紧缺问题

2021 年，针对干旱形成的饲草紧缺，彭阳县政府利用农业生产救灾资金、闽宁协作资金及财政涉农统筹资金等项目筹资 4 975.5 万元，通过补种、统一外调等方式保障饲草有效供给。一是补种。结合旱灾情况，及时选择适宜地块，补种了优质饲用燕麦、小黑麦。二是调运优质饲草（干草）及青贮玉米。通过调查摸底，统一从安徽、河南等地外调饲草，统一发放，给予补贴（每吨干草补 400 元）。三是养殖户自发收割部分野草、杂草，作为一定程度的补充。

三、突出制约

（一）用地问题突出，制约种植规模扩大

随着彭阳县草食畜牧业养殖规模的逐步扩大，对饲草的需求明显增加。尤其是2021年宁夏干旱严重，饲草缺口非常大。2021年，彭阳县补种优质饲草15万亩，外调优质干草8万吨、青贮玉米6万吨。2022年牧草供应依然紧缺，价格保持高位。多数牧草种植企业（户）普遍反映想扩大种植规模，但是相关管理部门只允许种植粮食，不允许种植牧草。由此形成草畜不匹配，牧草种植规模受限，影响草食畜牧业稳定发展。

（二）技术水平有待提升，提质增效亟待破解

虽然，近年来彭阳县逐步重视牧草生产技术，但仍有一些技术瓶颈问题急需解决。一方面是品种选择、田间管理等技术的规范提升；另一方面，在苜蓿收割的第三、第四茬，经常会面临雨季，难以收割，而苜蓿青贮技术还未能全面掌握。高质量发展背景下，企业、大户对技术提升的重视程度很高，但具体技术掌握不够。

（三）收获机械不能满足需求，影响收获加工进程

由于彭阳县多数为小块、分散种植，适宜的苜蓿收获机械比较少，存在地块小，机械操作不能及时转弯等突出问题。在大体量种植规模下，持续跟进机械利用非常关键，对于提升生产效率，保障及时收割提高产品品质等都具有重要的作用。

（四）示范推广等社会化服务体系有待完善

调研中，牧草种植合作社反映，建议加强牧草饲喂配方等试验示范推广技术。彭阳县已逐步形成了种草养牛的发展模式，并推行"种好草、养好牛"等发展路径。对科学合理的种草养牛非常关注，对于饲草调配等关

键技术亟须突破。

四、政策建议

（一）因地制宜，采用灵活用地政策

建议在发展草食畜牧业的同时，要高度重视饲草的有效保障问题。提前谋划、科学规划。针对未来牛羊养殖规模，合理设计饲草种植基地。地方政府要树立"大食物安全"观念，尤其结合彭阳草食畜牧业发展的现实需要，科学合理规划土地利用。

（二）全力提升饲草供给能力，破解饲草紧缺

针对区域缺草问题，要及时出台应急方案。一是充分挖掘已有牧草生产潜力，提质增效，从单产和效率方面提升增产潜力。二是有效利用闲置地块，发展牧草种植。三是进一步探索"玉米＋苜蓿"套种模式，实现粮食安全与饲草保障双赢目标。四要充分发挥政府统一外购饲草等政策的作用。

（三）加强关键技术突破，重视适宜机械研发推广

针对收获、青贮等关键技术需求，建议加强"国家＋宁夏＋地方"的科研技术联合攻关，注重提质增效，从技术研发方面入手突破。同时要重视技术创新，推进饲草产业高质量发展。机械方面，还是要解决关键瓶颈问题，切实研发实用性强的操作机械，提升山区饲草生产机械化程度，推进产业化发展。

（四）完善社会化服务体系

进一步加强"企业（种植户）＋饲草配送中心＋养殖户"的生产合作，通过组建机械化合作社等机构，完善饲草生产的社会化服务体系。探索养殖户饲草料优化配方技术并进行示范推广，提升养殖效率，促进草食畜牧业持续、稳定、高效发展。

中国西南地区牧草产业与草食畜牧业发展协调关系研究[①]

——基于对四川、云南、贵州的实地调研

张　浩　李旭君　龙雪芬　梁耀文　王明利

随着我国居民生活水平的提升和膳食结构的转变，人均肉类消费需求量呈现出逐年上升趋势，草食畜产品的消费比例也在同步增加。据《中国统计年鉴》数据显示：2020年我国人均肉类消费总量达24.8千克，其中牛肉和羊肉的年人均消费量分别为2.3千克和1.2千克。从消费占比来看，牛羊肉的消费占人均肉类消费的14.11%，占比较2010年增长了7.65%。草食畜牧业已成为保障居民肉类消费，顺应居民膳食结构变化的重要产业。优质牧草料作为草食畜牧业发展的物质基础，事关畜产品稳定供给，同时还关系到农民增产增收和生态环境改善等多个方面（石自忠、王明利，2021）。我国西南地区气候湿润，水热条件优越，区域内草山草坡、冬闲田、疏林草地等土地资源丰富，在发展牧草产业方面蕴藏着巨大潜力（皇甫江云等，2012）。然而，近年来西南地区草食畜牧业发展势头迅猛，牧草需求量远大于当地供给，草畜矛盾逐渐凸显。挖掘西南地区牧草产业发展潜力，对于拓宽我国食物资源来源渠道，探索适合西南地区草畜协同发展的道路，具有重要的战略和现实意义。

近年来，学界对畜牧业耦合协调关系开展了大量研究。熊学振等（2022）采用GWR模型，测算表明我国畜牧业与资源环境承载力的耦合协调度整体维持在中度协调状态，多数省区超载状态有一定改善。内蒙古作为草食畜牧业传统大省，周杰等（2019）通过建立耦合协调度模型，得

---

①　该成果部分发表于《草业科学》2023年第7期。

出近几年草原生态环境与畜牧业经济的耦合协调度发展为中级协调或良好协调。此外，也有开展多系统间耦合协调关系的研究，智荣等（2022）利用耦合协调度模型分析草原生态环境、经济社会与草牧业产业耦合协调度研究关系，认为当前我国五大牧区三大子系统之间表现出不同程度的滞后现象。程长林等（2018）使用耦合协调度模型，研究表明 2013～2016 年青藏高原社区畜牧业生态、社会、经济的耦合协调度在不断提高。也有学者基于产业链视角，认为湖北省畜牧业各产业链间耦合协调度较低（卢泓钢等，2022）。

总体来看，现有文献主要围绕畜牧业与资源承载力、生态环境发展的耦合协调关系等方面展开了诸多研究，为本文奠定了良好基础。西南地区作为我国重要的草食畜牧业生产地区之一，牧草产业与草食畜牧业发展的协调，关系到我国重要畜产品保供任务的实现，但目前针对西南地区牧草产业与草食畜牧业间发展协调程度的研究较少。未能从客观上准确地把握西南地区牧草产业与草食畜牧业发展协调程度，明晰影响西南地区饲草产业发展的关键因素。基于此，为深入了解西南地区牧草产业发展现状，调研组于 2021 年 3 月赴云南、贵州、四川的多个县市，对相关牧业养殖场、人工牧场、家庭农场开展实地调研。通过构建协调发展系统评价指标体系，在牧草产业和草食畜牧业两个子系统综合评价的基础上，建立西南地区牧草产业和草食畜牧业耦合协调模型，衡量 2015～2020 年西南地区牧草产业与草食畜牧业协调发展程度。并结合实地调研情况，分析牧草产业发展受到的制约因素。最后，提出相应建议，以期为西南地区乃至全国牧草产业发展提供决策参考。

一、西南地区草食畜牧业及牧草产业发展现状

（一）草食畜牧业发展情况

近年来，我国西南地区依托自身资源禀赋优势，畜牧业发展势头强劲。云南、贵州、四川各省出台了一系列促进草食畜牧业发展的配套政

策，例如，云南省出台《云南省支持肉牛产业加快发展若干措施》，通过财政奖补、金融支持等方式扩大肉牛养殖规模；贵州省成立省草食畜牧业发展工作专班，以包括草食畜牧业在内的 12 个农业特色优势产业为主攻方向，深入推进农业结构调整；四川省通过制定《川牛羊（畜禽饲草）产业振兴工作推进方案》深化畜牧业供给侧结构性改革。在政策推动和传统养殖习惯影响下，西南地区牛羊存栏及出栏量总体保持增长态势。如图 1 所示，2020 年云南省牛存栏 858.78 万头，同比增长 3.7%；牛出栏 335.90 万头，同比增长 2.9%。羊存栏 1 350.66 万只，羊出栏 1 177.48 万只，同比分别增长 3.3% 和 3.5%；2020 年贵州省牛存栏 517.71 万头，出栏 176.14 万头，同比分别增长 5% 和 4.5%。羊存栏 382.38 万只，出栏 297.37 万只，同比分别增长 0.6% 和 1.3%；2020 年四川省牛存栏 880.30 万头，同比增长 3.4%，位居全国第一；牛出栏 296.40 万头，同比增长 1.6%。羊存栏 1 524.80 万只，出栏 1 792.10 万只，同比分别增长 1.4% 和 0.7%。

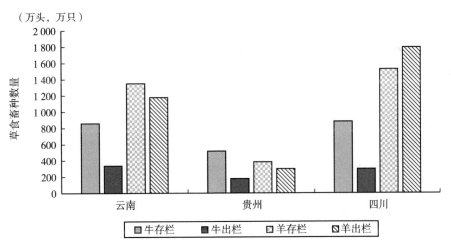

图1 2020 年云南、贵州、四川各省主要草食畜牧生产指标

资料来源：2021 年《中国农村统计年鉴》。

（二）牧草种植和供需情况

根据第三次全国国土调查的数据，云南省天然牧草地 12.25 万公顷；人工牧草地 0.87 万公顷；其他草地 119.17 万公顷（1 787.48 万亩）。草地主要分布在迪庆、曲靖、红河、昆明、昭通 5 个州（市）。贵州省天然牧草地 1.21 万公顷，人工牧草地 0.13 万公顷，其他草地 17.49 万公顷。草地主要分布在黔西南州、黔南州、毕节市、六盘水市。四川省天然牧草地 943.49 万公顷，人工牧草地 5.77 万公顷，其他草地 19.53 万公顷（292.91 万亩）。草地主要分布在甘孜藏族自治州、阿坝藏族羌族自治州、凉山彝族自治州 3 个地区。西南地区牧草种植品种以燕麦、白三叶、紫花苜蓿、黑麦草和青贮玉米为主，种植方式主要有单播、混播、间作、套作和轮作等。

按《天然草地合理载畜量的计算》（NY_T635 - 2015）及各省调研实际情况，以 1 个牛单位折合 5 个羊单位、每个羊单位日采食量 1.8 千克牧草干物质的方式测算，2020 年云南省存栏羊单位 5 644.56 万只，全年需牧草料干物质 3 708.47 万吨。其中，牧草年均需求量为 2 781.36 万吨，精料补充料年均需求 927.12 万吨（按照西南地区常见的饲料精粗比 1∶3 计算）。贵州省存栏羊单位为 2 970.93 万只，全年需牧草料干物质 1 951.90 万吨。其中，牧草年均需求量为 1 463.93 万吨，精料补充料年均需求 487.98 万吨。四川省存栏羊单位 5 926.3 万只，全年需牧草料干物质 3 893.58 万吨。其中，牧草年均需求量为 2 920.18 万吨，精料补充料年均需求 973.39 万吨。具体如图 2 所示。对比各省目前的牧草生产能力，发现各省均存在不同程度的供需缺口，且主要通过农作物秸秆饲料化利用和外省调入牧草进行补充。

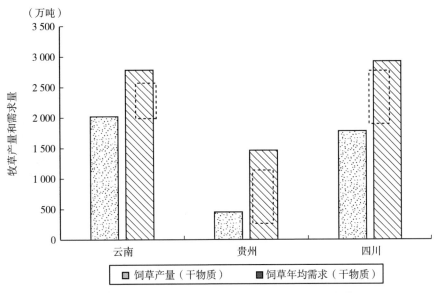

图 2　2020 年云南、贵州、四川各省牧草产量和需求情况

注：图中虚线部分为云南、贵州、四川牧草供需缺口
资料来源：基于调研数据和各省牛、羊存栏量计算得到。

（三）牧草产业生产经营模式和市场培育情况

当前西南地区牧草生产主要以改良天然草地和建植人工草地为主。对天然草地的改良主要采取围栏封育、补播改良、划区放牧、刈割收贮等方式建设和利用。人工草地建设主要通过利用退耕地、闲置土地等方式，发展粮草轮作、果草间作等种植模式。根据牧草作物与其他作物的生产特性，充分利用土地资源，提高土地利用率和产出率。在推进草牧业发展过程中，西南地区形成了一些符合当地实际、具有特色的草牧业经营模式：（1）"企业＋贫困户"的产业扶贫模式。如云南牛牛牧业股份有限公司、贵州好一多乳业有限公司等，由企业向贫困户免费提供种子和技术培训，村级服务社组织当地农户进行种植，达到企业收购标准后进行收购，将牧草产业与脱贫攻坚和乡村振兴战略相结合。（2）"人工草地＋舍饲、半舍饲"相结合的生态草牧业发展模式。如云南省沾益天茂林牧有限公司、贵州灼甫高原牧场等，采用"放牧＋补饲"的饲养管理方式，形成了"人工草地＋舍饲、半舍饲"相结合的生态草牧业发展模式。（3）"观光、休闲＋生态草牧业"产业延伸发展模式。如云南省沾益坤泰园艺有限公司、贵州省阿西里西旅游开发有限公司等，大力开展草地观光、休闲娱乐和农事体验等活动，推动农旅融合，带动群众致富增收。

西南地区的养殖企业、养殖合作社等发展较快，规模化和专业化程度日渐提升，但是受"重畜轻草"的传统观念影响，牧草产业经营主体仍处于起步阶段，草业生产经营主体实力弱，牧草产业龙头企业、专业合作社数量少，产业发展带动能力不足。调研了解到，目前云南省年生产 1 万吨以上牧草料企业有 10 家左右，年产量约为 20 万吨；贵州省专业牧草企业多以小微企业和小型合作社为主，还有一部分牧业养殖企业兼营牧草料生产加工销售；四川省草产品生产加工企业 20 家，但省级龙头企业仅有 1 家。

（四）牧草种植成本收益情况

随着西南地区草食畜牧业的飞速发展，当地牧草供应难以满足市场需求，部分大型牛羊养殖企业需从外地远购牧草料。调研了解到，当前西南地区从外地调运水稻麦草秸秆落地价均超过 1 000 元/吨，远距离运输甚至达到 1 500 元/吨。在需求端的带动下，种植牧草的经济效益有了明显的提升，成为农牧民增收的一条重要渠道。为准确把握西南地区牧草种植的成本收益情况，调研组对西南地区主要的牧草种植品种进行了重点调研。参考《全国农产品成本收益资料汇编》并结合当地实际，选取相关指标进行了成本收益测算，如表 1 所示。

表1　2020 年西南地区主要牧草种植成本费用情况

省份	种类	种子费（元/亩）	人工费（元/亩）	肥料费（元/亩）	机械费（元/亩）	其他费用（元/亩）	租地费（元/亩）	单位产量（鲜重）（千克/亩）	单位价格（元/千克）	利润（元/亩）
四川	黑麦草	27.67	354	41.91	119.75	14.68	741	8 458.64	0.32	1 407.75
	青贮玉米	56.8	360	118.05	106.7	11.04	637.5	4 301.38	0.48	774.57
	高丹草	40	400	50	120	0.00	641.5	5 500	0.36	728.5
	芽茅、紫花苜蓿混播	21.5	100	100	100	15	300	3 300	0.4	683.5

省份	种类	种子费（元/亩）	人工费（元/亩）	肥料费（元/亩）	机械费（元/亩）	其他费用（元/亩）	租地费（元/亩）	单位产量（鲜重）（千克/亩）	单位价格（元/千克）	利润（元/亩）
四川	牛鞭草	35	480	40	110	20	800	9 800	0.3	1 455
	杂交象草	36	152	140	135	12.5	750	9 100	0.25	1 049.5
云南	特高黑麦草	36	270	72.34	97.5	0	210	4 766.55	0.3	744.13
	青贮玉米	60	178.58	175	35	0	147.5	3 874.28	0.31	604.95
	高丹草	60	230	95	43	0	280	5 622.37	0.25	697.59
	白三叶、鸭茅、狗尾草、多年生黑麦草混播	21.1	90	68.2	28	0	50	1 316	0.3	137.5
	紫花苜蓿	17.5	100	158.23	95	18	450	3 200	0.65	1 241.27
	杂交象草	43.6	175	230	170	0	350	8 353	0.25	1 119.67
贵州	黑麦草	42.86	158.57	131.43	32.85	12.5	300	3 914	0.43	1 004.87
	青贮玉米	45	130	112	30	0	341.33	3 890.67	0.4	897.94
	甜高粱	200	180	200	40	0	370	6 013	0.4	1 415.2
	紫花苜蓿	23.5	134.29	144.29	0	0	356	4 064.25	0.58	1 699.19
	皇竹草	128.57	178.89	113.33	68.13	40	387.5	7 888.88	0.35	1 844.67
	杂交狼尾草	36.83	151.43	147.15	0	0	371.42	9 993.57	0.2	1 291.87

资料来源：根据调研数据计算得出。

　　根据西南地区牧草生产投入变化情况来看，租地费和人工费是西南地区牧草种植成本的主要构成，两者共同占到了总成本的71.33%。其中，四川种植牧草的土地成本为西南三省中最高，平均达到645元/亩。人工费用在总成本中占比较高，而机械费用占比相对较低，说明西南地区牧草种植过程中机械化水平低。其他费用包含水电、农药、农膜等费用。由于西南地区气候条件良好，大部分牧草作物不需要或很少需要灌溉，其他费用支出在所有投入要素中占比最小。不同牧草品种肥料费与种子费用相差明显，种植象草、紫花苜蓿、狼尾草投入肥料费用较高，种植牛鞭草与高丹草投入肥料费较低。多年生牧草种子费用按照其生产周期分摊到每一年，其中皇竹草种子费最高，平均为128.57元/亩。

根据西南地区牧草生产产出变化情况来看，当前种植牧草作物有较高的经济效益。受地形、海拔、土壤肥力等差异，不同品种牧草作物每亩纯收益差距明显，多数纯收益在 1 000 元/亩以上。在人工草地种植多年生混播牧草一般用于放牧，打草销售比例较低。其中，2020 年云南地区种植紫花苜蓿效益较为突出，平均可达到 1 241.27 元/亩；2020 年贵州地区种植皇竹草效益较为突出，平均可达到 1 844.69 元/亩；2020 年四川地区种植牛鞭草效益较为突出，平均可达到 1 455.00 元/亩。黑麦草、青贮玉米和紫花苜蓿的种植相对广泛，在四川、贵州和云南均有种植。

二、西南地区牧草产业和草食畜牧业发展耦合协调关系分析

耦合过程指系统内的子系统通过相互作用，使系统由原本的无序状态向有序状态发展的一个过程。耦合度是用来度量两个系统之间或系统内部各要素之间相互影响程度的指标（李玉琼，2020）。耦合度高即系统间或系统内各要素间联系紧密，互相影响；反之，则表明系统间联系较弱，或系统内各要素间结构松散。本文把牧草产业与草食畜牧业二者之间相互作用、相互影响的过程定义为牧草产业—草食畜牧业耦合。当牧草产业系统与草食畜牧业系统存在相互促进、共同发展的效应时，该过程为正向耦合；当牧草产业和草食畜牧业二者均呈现出发展停滞、一损俱损的状态时，称为负向耦合。牧草产业与草食畜牧业密不可分，牧草产业为草食畜牧业提供重要的物质基础，草食畜牧业又带动牧草产业的发展，二者互相作用、相辅相成。本文基于 2015～2020 年四川、云南、贵州的牧草产业与草食畜牧业相关数据，对西南地区牧草产业和草食畜牧业的发展速度、发展方向以及是否协调发展进行研究。

（一）研究方法

为探究西南地区牧草产业和草食畜牧业间的耦合过程，通过建立综合评价指标体系、构建耦合度和耦合协调度模型，进一步分析西南地区牧草产业与草食畜牧业的耦合状态及协调程度。

1. 综合评价模型

探究西南地区牧草产业和草食畜牧业之间的耦合状态及协调程度，首先需要对西南地区的牧草产业与草食畜牧业的综合发展水平进行评价，设 x_1，x_2，x_3，$\cdots$，x_m 为反映西南地区牧草产业综合发展水平的各项指标，如牧草产量、天然草地面积等；设 y_1，y_2，y_3，$\cdots$，y_m 为西南地区草食畜牧业综合发展水平的各项指标，如畜牧业产值、牛羊存出栏量等。分别建立式（1）、式（2）函数：

$$f(G) = \sum_{j=1}^{m} \alpha_j , x_j \tag{1}$$

$$f(H) = \sum_{j=1}^{n} \beta_j , y_j \tag{2}$$

其中，$f(G)$ 与 $f(H)$ 分别表示西南地区牧草产业系统与草食畜牧业系统的综合评价指数；x_j、y_j 分别表示反映牧草产业系统与草食畜牧业发展情况的具体指标；α_j 和 β_j 为各要素所占权重。采用熵值法确定指标权重（佘茂艳、王元地，2021）。

2. 耦合度模型

通过计算西南地区牧草产业和草食畜牧业系统间的耦合度，能够反映西南地区牧草产业和草食畜牧业之间的依赖程度，耦合度计算公式如式（3）所示：

$$C = \left\{ (f(G)f(H)) / [\Pi(f(G) + f(H))] \right\}^{1/2} \tag{3}$$

其中，C 为耦合度，耦合度的取值范围是 $[0, 1]$，C 值越接近 1，即耦合度越高，表明牧草产业与草食畜牧业系统间的关联程度越高；反之，则表明两大系统相互之间关联度低，彼此影响程度低，发展处于无序状态。

3. 耦合协调度模型

耦合度只能描述系统或系统内各要素间相互影响的程度，但无法充分反映系统或系统内各要素之间的协调水平，因此需要计算西南地区牧草产业和草食畜牧业系统间的耦合协调度，来进一步揭示西南地区牧草产业和草食畜牧业之间相互作用中协调状况的好坏。耦合协调度计算公式如式（4）：

$$\begin{cases} D = \sqrt{C \times T} \\ T = \alpha_t f(G) + \beta_t f(H) \end{cases} \qquad (4)$$

其中，D 为耦合协调度，T 是牧草产业和草食畜牧业整体的综合评价值。α_t、β_t 是牧草产业和草食畜牧业综合评价值的权重，考虑到牧草产业和草食畜牧业是相辅相成的一个整体，牧草产业的发展与草食畜牧业发展可以看作是同等重要的，所以将其赋予同样的权重。耦合协调度 D 的取值范围是 [0，1]，已有研究大多将耦合协调度划分为 10 个等级（南翠，2020），具体分类体系及判别标准，如表 2 所示。

表 2   耦合协调度分类体系及判别标准

耦合协调度（D）	协调等级	耦合协调度（D）	协调等级
$0 \leq D \leq 0.1$	极度失调	$0.5 < D \leq 0.6$	勉强协调
$0.1 < D \leq 0.2$	严重失调	$0.6 < D \leq 0.7$	初级协调
$0.2 < D \leq 0.3$	中度失调	$0.7 < D \leq 0.8$	中级协调
$0.3 < D \leq 0.4$	轻度失调	$0.8 < D \leq 0.9$	良好协调
$0.4 < D \leq 0.5$	濒临失调	$0.9 < D \leq 1$	优质协调

（二）评价指标体系构建

对西南地区牧草产业系统与草食畜牧业系统进行综合评价分析，首先需要构建两个系统的评价指标体系。指标体系选取一方面要能够充分体现出牧草产业与草食畜牧业各方面的特征，另一方面还要考虑数据的可获取性。综合考虑牧草产业与草食畜牧业发展现状，结合两者发展的实际情况，依据数据的可获取性，筛选出应用频率较高且具有代表性的指标，构建如表 3 所示的指标评价体系。指标体系包含四川、云南、贵州 2015 ~ 2020 年的统计数据，数据来源于历年的《中国统计年鉴》《中国畜牧兽医年鉴》《中国草业统计》等宏观统计数据。选取的总评价指标为 18 个，指标方向表示该指标给系统带来的积极或消极的影响，指标方向为正，表示该指标与系统发展呈正相关；指标方向为负，表示该指标与系统发展呈负相关。

表3   **牧草产业与草食畜牧业综合评价指标体系**

目标层	选取指标	方向	单位	权重
牧草产业系统	年降水量	+	毫米	0.0765
	年平均气温	+	℃	0.1415
	年平均相对湿度	+	%	0.1077
	年日照时数	+	小时	0.2261
	天然草地可利用面积	+	万亩	0.1429
	人工草地保留面积	+	万亩	0.1308
	牧草产量	+	万吨	0.1746
草食畜牧业系统	畜牧业总产值	+	万元	0.1041
	畜牧业占地区总产值比重	+	%	0.0711
	畜牧业占农业总产值比重	+	%	0.0621
	年末羊存栏数	+	万只	0.1146
	年末牛存栏数	+	万头	0.072
	羊出栏数	+	万只	0.1189
	牛出栏数	+	万头	0.0679
	技术人员占比	+	%	0.0543
	人均牛肉消费量	+	千克	0.0943
	人均羊肉消费量	+	千克	0.0851
	人均奶类消费量	+	千克	0.1555

三、结果分析

（一）实证结果分析

综合评价指数及耦合协调度结果如表4所示。从整体变化情况来看，2015～2020年，西南地区牧草产业综合评价指数出现波动下降趋势，由2015年的0.4687下降到2020年的0.4477，下降了4.47%。其直接原因是人工草地保留面积与牧草产量的减少。主要是因为 2016 年第二轮草原生态保护补助奖励政策较上轮政策实施内容做了调整，取消了用于种草扶持的牧草良种补贴和生产资料综合补贴。2019 年国家机构改革和草业职能调整后，国家将政策资金中原先用于草牧业发展的绩效考核奖励资金由农业农村部门划转到林草部门，主要用于草原生态修复。由于种草扶持资金较往年大幅减少，导致各地种草积极性进一步下降。2015~2020 年西南地区草食畜牧业综合评价指数总体呈明显上升趋势，从 2015 年的 0.4249 增加到 2020 年的 0.5110，增长了 20.25%，表明草食畜牧业的发展水平得到了显著提升，虽然西南地区牧草产业发展水平有所下降，但是由于牧草的外购和运输较为便利，同时西南地区出台多项政策支持草食畜牧业的发展，因此草食畜牧业的发展增长势头迅猛。从耦合度变化情况来看，2015~2020 年，西南地区牧草产业与草食畜牧业耦合度均接近 1，说明两者的相互作用程度较大。

表4　　　　　　　　综合评价指数和耦合协调度

年份	$f(G)$	$f(H)$	C	T	D	耦合协调等级
2015	0.4687	0.4249	0.9988	0.4468	0.6680	初级协调
2016	0.5133	0.4764	0.9993	0.4948	0.7032	中级协调
2017	0.4911	0.4902	0.9998	0.4906	0.7004	中级协调
2018	0.4076	0.4636	0.9979	0.4356	0.6593	初级协调
2019	0.3968	0.4455	0.9983	0.4212	0.6484	初级协调
2020	0.4477	0.5110	0.9978	0.4794	0.6916	初级协调

从耦合协调度整体变化情况来看，2015~2020 年，西南地区牧草产业与草食畜牧业的耦合协调度基本处于初级协调到中级协调的状态，协调程度较低。为了获得更全面和详细的评价，很多学者将耦合协调度类别进一步划分，分为 3 种类型，当 $f(G) > f(H)$ 时，为草食畜牧业发展滞后型；当 $f(G) = f(H)$ 时，为牧草产业与草食畜牧业发展同步型；当 $f(G) < f(H)$ 时，为牧草产业发展滞后型（易平、方世明，2014）。

2015~2017 年，两大系统耦合协调度呈现上升趋势，耦合协调度平均值由 2015 年的 0.6680 增长到 2017 年的 0.7004，年均增长 2.40%，表明这一时期两大系统间协调关系不断增强，西南地区牧草产业与草食畜牧业在这一时期均得到了良好的发展。从牧草产业与草食畜牧业的综合评价指数来看，这一阶段 $f(G)$ 均大于 $f(H)$，表明这一时期，西南地区草食畜牧业发展滞后于牧草产业。这主要是由于西南地区基本属于亚热带和热带季风气候，具有夏无酷暑、冬无严寒和降水充沛等特点，气候条件适宜牧草生长。并且 2015 年中央一号文件《中共中央 国务院关于加大改革创新力度加快农业现代化建设的若干意见》首次提出要加快发展草牧业，促进粮食、经济作物、牧草料三元种植结构协调发展，有力地促进了牧草产业的发展。与此同时，"粮改饲"试点项目也相继开展，贵州、云南等地均包含在试点范围内，对西南地区牧草产业的发展也有了很大的促进作用。

2017～2020 年，两大系统耦合协调度出现下降，耦合协调度平均值由 2017 年的 0.7004 下降到 2020 年的 0.6916，年均下降 0.63%，意味着这一时期两大系统间协调关系不断减弱，西南地区牧草产业和草食畜牧业发展速率不匹配。从牧草产业与草食畜牧业的综合评价指数来看，这一阶段 $f(G)$ 均小于 $f(H)$，表现为牧草产业发展滞后型。这主要是由于近年来，随着脱贫攻坚和乡村振兴战略的开展，西南地区将牛羊养殖等畜牧业作为助力产业振兴和农民脱贫的重要抓手，出台了一系列鼓励牛羊养殖的政策，如云南省政府出台了《支持肉牛产业加快发展若干措施》，支持肉牛产业快速发展，力争将肉牛产业打造为"千亿产业"。但与西南地区快速发展的畜牧业相比，牧草产业受西南地区土地细碎且山地较多等原因制约，发展逐渐滞后于草食畜牧业，无法为畜牧业提供足够的牧草料支撑，与草食畜牧业的耦合协调度由中级协调降为初级协调。

（二）牧草产业制约因素分析

通过前面分析结果可知，当前我国西南地区牧草产业发展明显滞后于草食畜牧业。进一步提升当地牧草产业发展，尽快缩小牧草产业与草食畜牧业间的差距，是实现西南地区牧草产业与草食畜牧业良性互动的重要抓手。根据调研实际情况，当前西南地区牧草产业发展存在着如下制约：

1. 土地资源紧张，牧草产业发展空间受限

我国西南地区的地形复杂，连片土地较少，地块小且分散，随着城市的发展和人口的增长，土地资源日趋紧张。此外，我国粮食产需还处于紧平衡态势，为保障国家粮食安全，必须要确保粮食种植面积稳定甚至有所增加（王立祥、廖允成，2012）。在这样的要求下，可用于牧草种植的土地资源更加紧张。西南地区生态环境脆弱，区域内保护区众多，为保护生态环境实施的生态保护红线制度、禁牧和草畜平衡制度等，对畜禽养殖进行了禁养区、限养区的划分，这些政策的实施虽然有效地改善了生态环境，遏制了环境污染，但是也限制了草牧业的发展空间。

2. 牧草生产加工机械化和规模化水平低

西南地区降雨充沛，牧草收获加工的时间窗口较窄，要在短时间内完成收储加工，需要借助大量机械劳动才能完成。养殖业主对草产品数量和质量的要求较高，牧草生产只有在一定的规模化和机械化生产条件下，才能取得较好的生产收益（李新一等，2020）。但是西南地区地形复杂，多山地丘陵，云南省山地面积占全省总面积的84%①，贵州省山地和丘陵面积约占全省总面积的92.5%②，四川省山地、高原和丘陵面积约占全省土地面积的94.7%③。受地形条件限制，西南地区牧草产业发展主要通过冬闲田、夏秋闲田和荒地等闲置土地种草，主要集中在不太平整的土地，地块小、道路差，牧草生产加工和道路运输相对不便，机械化和规模化水平较低，生产成本高，生产方式粗放，牧草生产的数量、质量和产品供应的稳定性都难以保证。

3. 牧草产业发展的政策支持力度不够

2015年中央一号文件《中共中央 国务院关于加大改革创新力度加快农业现代化建设的若干意见》明确提出要加快发展草牧业，支持青贮玉米和苜蓿等牧草料种植，此后的多个中央一号文件都提到了要鼓励支持优质

---

① 资料来源：云南省统计局。
② 资料来源：贵州省人民政府。
③ 资料来源：四川省人民政府。

牧草地种植，2021年中央一号文件《中共中央 国务院关于全面推进乡村振兴加快农业农村现代化的意见》再次明确提出要鼓励发展青贮玉米等优质牧草饲料。各级政府和从业者都提高了对牧草产业重要性的认识，但在具体政策支持上，目前主要集中在草原保护建设、粪污资源化利用等方面，直接支持牧草产业发展的政策较少。调研了解到，当前西南地区牧草收储加工环节发展缓慢是牧草产业发展的主要瓶颈，但是现有政策对收储加工环节的补贴和支持力度较低，如农机购置补贴虽然对部分生产加工机械进行购置补贴，但是大部分适宜西南地区生产条件的牧草生产加工机械并未纳入补贴名录，无法实现对牧草产业发展的有效助力。

在示范性项目建设上，目前主要开展了"粮改饲"试点项目、振兴奶业苜蓿发展行动项目、南方现代草地项目等，这些项目的实施有效地推动了西南地区牧草产业的发展，如云南省公布的《关于印发2020年度中央农业生产发展等项目实施方案的通知》计划实施粮改饲种植面积66万亩支持牛羊产业发展；贵州省公布的《农业部关于印发〈粮改饲工作实施方案〉的通知》指出，2020年全省粮改饲目标任务面积36.1万亩以上，收贮优质牧草料108.3万吨以上；四川省虽然没有纳入国家粮改饲示范项目的范围，但是四川省财政安排专项资金在多个县开展了粮改饲项目，也取得了一定的成效。但是示范项目的普惠性和覆盖范围有限，而且有些项目实施条件限制严格，与西南地区实际情况有差距，无法实现较好的支持效果。如南方现代草地项目，对实施业主要求高，覆盖范围较窄，大部分适度规模户（家庭牧场）不能受益，且该项目已停止实施，无法对西南地区牧草产业发展提供支持。亟须对政策和示范项目进行优化调整，更好地发挥示范引领作用，推动牧草产业发展。

4. 牧草种业问题突出，科技支撑能力弱

牧草种源不足、适生优良牧草品种缺乏，已成为牧草产业发展的突出问题。西南地区现有牧草品种多为早期引进或选育，无法满足不同区域、不同种植规模的要求，产量提升潜力不足。2020年中央经济工作会议和中央农村工作会议提出要打好种业翻身仗，开展种源"卡脖子"技术攻关。此次会议提高了对畜禽种质资源重要性的认识，但是目前对牧草种业的重视程度仍然较低，研发投入力度还有待加强。西南地区牧草生产加工贮存的技术集成和推广力度也较为薄弱，草牧业发展所需的牧草种、收、加工和绿色防控一体化专业服务机构较少，基层牧草饲料技术推广部门专业人才不足，企业研发部门科研实力不足，导致西南地区牧草生产加工技术落后，机械创新研发缓慢，科技支撑能力弱。

四、研究结论与对策建议

（一）研究结论

本文基于牧草产业与草食畜牧业综合评价指标体系以及耦合协调度评价模型，测算出 2015～2020 年西南地区牧草产业与草食畜牧业综合评价指数和耦合协调度，并对其发展水平和所呈现出的耦合状态加以评价。研究结论如下：第一，从综合评价与耦合度来看，西南地区牧草产业发展水平略有下降，草食畜牧业的发展水平得到了显著提升，两个产业间耦合度接近1，处于高度耦合水平；第二，从耦合协调度来看，2015～2020 年，西南地区牧草产业与草食畜牧业协调度经历了先提高后下降的变化，基本处于初级协调到中级协调的状态，协调程度较低。具体来看，2015～2017 年两大系统耦合协调度呈现上升趋势，表现为草食畜牧业发展滞后型；2017～2020年两大系统耦合协调度出现下降，表现为牧草产业发展滞后型。目前，西南地区牧草产业发展水平已明显滞后于草食畜牧业的发展水平。

（二）对策建议

在"大食物观"视角下，牧草产业为草食畜牧业发展提供了重要的物质基础（王明利，2019），提高优质牧草自给率是保障粮食安全的有效途径。充分挖掘西南地区牧草产业发展潜力对于增加农民收入和改善生态环境具有重要意义，并且可以为全国牧草产业发展提供经验借鉴。基于西南地区牧草产业发展现存问题，旨在通过科学管理、合理规划、创新政策设计等措施，为其发展提供有力支持。根据上述研究结论，提出如下建议：

1. 科学规划产业布局，合理发展种草养畜模式

粮食安全是关系国运民生的压舱石，是维护国家安全的重要基础（李雪、吕新业，2021），确保口粮绝对安全必须要确保耕地面积稳定。在此前提下，应当对农闲田、荒山、荒坡等土地资源进行合理开发利用，允许生产者充分利用闲置土地发展牧草产业，提高土地资源利用率，缓解"草粮争地"的矛盾。此外，环保措施要精准发力，在保护生态环境的同时，要保障畜牧业和牧草产业的发展空间，科学规划产业布局，对禁养区、限养区和保护区的划定应当以草食畜禽生产区划和牧草品种种植区划为基础，统筹考虑水资源、土地资源、光热资源和生物物种资源等情况，在兼顾人口文化、传统习惯和养殖历史等因素的前提下进行划分。牧草产业和草食畜牧业发展同步规划，合理发展种草养畜模式，走"种养结合、高效循环"的草畜一体化道路。

2. 改善生产和技术条件，提高牧草产业机械化、标准化水平

解决西南地区牧草生产加工机械化水平低的问题，首先要改善西南地区种草土地不平整、地块小的问题，可以通过多渠道筹集资金进行地力改良和土地平整，改善种植和灌排条件；建立土地流转试点和相关服务机构，规范土地流转程序，加大宣传力度，推动土地流转，促进种草大户和新型合作社的形成。其次要加大农机科研的投入力度，推进新型农机具和适宜西南山地作业的小型农机具的研发推广，开展多渠道送技术下乡的活动，对农机技术培训加大财政支持，提高科学运用农业机械的能力。重点培育一批会种草、懂技术、会经营的新型职业农民，促进农民更好地接纳新技术、新设备，传播新理念，进而推动牧草产业专业化、标准化发展，降低生产成本，提高生产效率，增强牧草产业可持续发展能力。

3. 创新政策设计，支持牧草产业发展

牧草产业属于弱质性产业，需要政策的保护和支持，结合西南地区雨水多收储窗口期窄，加工企业实力薄弱的实际情况，建议探索实施优质牧草收储加工补贴政策。科学制定补贴标准和范围，对牧草收储加工关键环节进行补贴，如青贮窖池、加工机械等补贴，引导牧草产业优质高效发

展。此外，建议继续实施南方现代草地项目、"粮改饲"项目，并结合西南地区连片草地少、养殖规模较小的实际情况，对项目实施标准进行优化，扩大受益范围，增强示范效应。同时建议出台建设高标准牧草种植基地支持政策，明确可以用于种草的土地属性，解决草产业发展空间受限问题。加大配套政策的支持力度，如出台金融保险相关政策，设立风险基金，制定风险管理制度，对诚信企业和个人给予担保，提高企业和农户的借贷能力；完善道路运输支持政策，将牧草运输纳入鲜活农产品绿色通道范围等（王玉庭等，2019），多方位解决牧草产业发展难题。

4. 积极培育牧草良种，提高科技支撑力度

种业优则农业兴，牧草产业发展的速度很大程度上取决于牧草良种的选育，建议加大牧草良种选育支持力度，重视牧草种业问题，开展牧草种源"卡脖子"技术攻关。加强牧草科研机构和龙头企业的建设，充分发挥科技服务部门和龙头企业的技术优势，开展草产业技术成果集成示范。加强基层专业人才培养和技术培训推广，增强西南地区牧草产业科技支撑能力，构建牧草种植、产品加工、商品流通、科技支撑紧密衔接、利益共享的产学研一体化链条。

参 考 文 献

［1］石自忠，王明利．中国牧草产业政策：演变历程与未来展望［J］．中国草地学报，2021，43（2）：107－114.

［2］皇甫江云，毛凤显，卢欣石．中国西南地区草地区的草地资源分析［J］．草业学报，2012，21（1）：75－82.

［3］熊学振，孙雨萌，杨春．中国畜牧业与资源环境承载力的时空耦合协调关系［J］．经济地理，2022，42（2）：153－162.

［4］周杰，高芬．草原生态环境与畜牧业经济耦合协调关系分析——以内蒙古自治区为例［J］．生态经济，2019，35（5）：170－176.

［5］智荣，闫敏，李平．草原生态环境、经济社会与草牧业产业耦合协调关系研究——基于全国五大牧区的实证分析［J］．林业经济，2022，44（5）：59－76.

［6］程长林，任爱胜，王永春，王国刚，修文彦．基于协调度模型的青藏高原社区畜牧业生态、社会及经济耦合发展［J］．草业科学，2018，35（3）：677－685.

　　[7] 卢泓钢，郑家喜，陈池波，卫增．湖北省畜牧业高质量发展水平评价及其耦合协调性研究——基于产业链的视角 [J]．中国农业资源与区划，2022，43（5）：251－261.

　　[8] 李玉琼．云南省人口、经济、土地城镇化耦合协调发展研究 [D]．昆明：云南师范大学，2020.

　　[9] 佘茂艳，王元地．科技创新与乡村振兴系统耦合协调发展及影响因素分析 [J]．统计与决策，2021，37（13）：84－88.

　　[10] 南翠．长江经济带人口、经济与环境耦合协调度研究 [D]．北京：中央民族大学，2020.

　　[11] 易平，方世明．地质公园社会经济与生态环境效益耦合协调度研究——以嵩山世界地质公园为例 [J]．资源科学，2014，36（1）：206－216.

　　[12] 王立祥，廖允成．中国粮食问题 [M]．宁夏：阳光出版社，2012.

　　[13] 李新一，尹晓飞，周晓丽，李平．我国饲草产业高质量发展的对策和建议 [J]．草地学报，2020，28（4）：889－894.

　　[14] 王明利．牧草产业发展及贸易影响 [J]．饲料与畜牧，2019（6）：36－39.

　　[15] 李雪，吕新业．现阶段中国粮食安全形势的判断：数量和质量并重 [J]．农业经济问题，2021，503（11）：31－44.

　　[16] 王玉庭，杜欣懑，马莹．加征进口美国苜蓿关税对我国奶牛养殖业影响的评估——基于对 5 个省 36 个养殖场的调查 [J]．饲料研究，2019，42（4）：99－101.

牧草供给保障专题

我国苜蓿草产品供给保障研究

张　浩　王明利

一、引言

（一）研究背景

牧草产业是现代农业的重要组成部分，发展牧草产业对于我国实现畜牧业高质量发展、推进农业供给侧结构性改革、适应食品消费结构的时代转变等具有重要意义（高海秀，2019）。苜蓿因其粗蛋白质含量高、单产高、草质优良等特性被称为"牧草之王"，是目前全球范围分布最广泛的栽培牧草。有关研究表明，在肉牛、肉羊饲养中，添加一定比例的苜蓿草产品可以有效提升肉质；在生猪日粮中添加苜蓿草粉，能够提高胴体瘦肉率和能繁母猪 PSY[①]；用苜蓿草产品饲喂高产泌乳牛，能够显著提升牛奶产量、乳蛋白质和非脂乳固体含量，是奶牛养殖过程中不可替代的优质牧草。苜蓿产业对于满足优质牧草供应、推动草食畜牧业高质量发展，保障国家食物安全具有重要战略意义。

苜蓿产业发展前景广阔，苜蓿草产品需求量不断攀升。近年来，随着我国居民生活水平的不断提升，饮食习惯和消费结构也发生了显著的变化，人均粮食消费量有所下降，人均肉蛋奶消费量快速上升。日韩等国与我国居民的饮食习惯相近，参考日韩等国的经验可以预见我国人均动物产品消费量在未来十几年仍将继续增长，畜产品消费潜力也将进一步释放。根据中国农业科学院信息所发布的《中国农业展望报告

---

① PSY 是指每头母猪每年出栏肥猪数，英文全名为 market pigs/sow/year，简称 PSY。

（2021—2030）》，预计到 2025 年我国奶类产量将达到 3989 万吨，年均增长 2.3%，100 头以上奶牛规模养殖比重将达到 75.0% 左右。随着奶类产量继续增长和规模化养殖比重的不断提升，未来对于优质苜蓿的需求将进一步扩大。2020 年我国规模化奶牛养殖场消费优质商品苜蓿干草 250 万吨，预计到 2025 年我国规模化奶牛养殖场对优质商品苜蓿干草需求量将达到 290 万吨，年均增速 3.0%。优质牧草料是草食畜牧业发展不可或缺的物质基础，畜牧业高质量发展将拉动苜蓿草产品需求的不断攀升，苜蓿产业成为关系到国家粮食安全和草食畜产品有效供给的重要产业。

苜蓿草产品供给不足，国内供需矛盾突出。苜蓿产业面对"供给总量不足，产品质量不高"的双重桎梏，供给能力亟待提升。2008 年"三聚氰胺"事件发生后，我国政府极大地提高了对乳业和草牧业的重视程度，相继推行"振兴奶业苜蓿发展行动"、"粮改饲"项目、种养结合模式试点等。中央一号文件也多次提及要大力发展"草牧业"，支持牧草料种植，对我国的苜蓿产业发展起到促进作用（石自忠，2021）。尽管近年来苜蓿产业发展迅速，发展势头良好，已是我国商品草种植面积最大的品种。但总体来看，当前我国苜蓿产业仍处于发展的初级阶段。我国苜蓿产业发展既受到人多地少基本国情的刚性制约，也受到牧草料生产"不与人争粮、不与粮争地"的政策约束。与苜蓿产品日益增长的消费需求相比，国内苜蓿的供给明显不足，需要大量进口苜蓿草产品以填补国内供需缺口。苜蓿草产品供给对外依存度高，不利于苜蓿产业独立自主发展和乳业结构转化升级，还会直接对食物安全造成影响。

苜蓿草产品的有效供给保障是一个系统性问题，随着时间推移和现实问题演化，其研究侧重点也当有所不同。本文从我国苜蓿草产品的供给不足的现状展开，并非要一次性解决苜蓿草产品供给中的所有问题，而是响应《全国现代饲草产业发展规划（2021—2030）》中牛羊牧草需求保障率达 80% 以上的政策目标，从探究我国苜蓿草产品供给能力的影响因素出发，找出提升我国苜蓿草产品有效供给的可行方法，为我国苜蓿产业的进一步发展提供政策建议。

（二）研究目的与意义

1. 研究目的

从提升我国苜蓿草产品供给能力出发，以苜蓿草产品供给数量更充足、质量更优良为目标，以提升畜产品保障能力，促进草食畜牧业高质量发展为导向，在对我国苜蓿草产品供给状况进行详细调查和梳理的基础上，从苜蓿单产水平和种植面积两个维度，深入分析影响我国苜蓿草产品供给的关键因素，并预测未来一个时期我国苜蓿草产品供给情况，为进一步保障我国苜蓿草产品有效供给提出切实可行的政策建议。

2. 研究意义

（1）理论意义。基于当前我国苜蓿产业面临的供需矛盾凸显、国际竞争力不高等现实背景，通过对国内苜蓿产业发展现状与存在问题的梳理和分析，在供求理论、蛛网理论和经济增长理论等在内的经济学和管理学的相关理论的基础上，从单产水平和种植面积角度出发，对我国苜蓿草产品供给影响因素进行实证分析，能够为后续研究者提供一定的参考，在丰富苜蓿草产品供给研究的领域进行一定的拓展和充实，为相关理论提供新的研究视角，具有一定的理论意义。

（2）实践意义。通过对苜蓿草产品供给状况的研究，揭示影响苜蓿草产品供给过程中的关键因素，并通过探索合理的政策措施和解决方案，给出保障苜蓿草产品供给的三点合理建议。

第一，有利于提升我国苜蓿草产品的供给能力，推动畜牧业高质量发展。通过对苜蓿草产品供给影响因素深入分析，准确判断未来苜蓿草产品供需缺口，找寻保障我国苜蓿草产品有效供给的可行措施，能够有效缓解苜蓿草产品供需矛盾。第二，有利于推进我国农业供给侧结构性改革，是转变农业发展方式和提高我国苜蓿草产品国际市场竞争力的现实需要。第三，有助于重新审视苜蓿产业对于畜牧业高质量发展的作用，推动我国苜蓿产业的发展。尽管这些年来苜蓿产业有了飞速的发展，但相对于国内的需求而言还很不发达，总体来说仍然是一个弱质产业，发展面临着资源和环境的双重约束。在当前背景下，综合考虑牧草产业效益，明确苜蓿产业发展地位。这对于统筹协调区域苜蓿产业的发展，保障国内苜蓿草产品供应具有一定现实意义，为政府制定符合高质量发展特征的苜蓿产业发展政策提供决策参考。

（三）国内外研究现状

1901 年，克罗（Crowe）在《农产品流通产业委员会报告》中首次揭开了农产品供给相关问题研究的序幕。随着牧草产品供给问题的不断突出，学者们对牧草产品的关注度也不断上升，对保障我国牧草产品供给产生了一些思考。苜蓿草产品供给由苜蓿单产水平和种植面积两个维度共同决定，通常认为现代技术因素是影响单产水平的主要因素，价格因素是影响种植面积的主要因素。通过对已有研究的归纳和梳理，文献综述部分主要从以下几个方面分析：技术进步对农作物单产影响的研究；牧草产业技术效率与技术进步相关研究；技术效率与技术进步测度方法研究；价格对农作物种植面积影响的研究；牧草种植面积影响因素的相关研究。

1. 农作物单产水平影响因素的相关研究

农作物单产水平是衡量农业生产效率和质量的重要指标之一，近年来有关影响农作物单产水平的研究主要集中在以下几方面。首先，土壤肥力是农作物单产水平的重要因素之一。它涉及土壤中氮、磷、钾等养分的含量，以及土壤结构、酸碱度等物理性质和微生物生态环境等。研究表明，提高土壤肥力可以显著提高农作物单产水平。例如，褚清河（2013）对影响我国粮食产量的因素进行分析，研究表明，调整氮磷施用比例，增加磷肥的施用量能够提升我国粮食的高产潜力水平。水资源是影响农作物单产水平的另一个关键因素。其次，缺水是限制农作物生长和发展的主要原因之一。一些研究表明，通过合理的灌溉管理，可以显著提高农作物单产水平。例如，王亚伟（2012）通过对河南省粮食单产水平的影响因素进行分析，发现有效灌溉面积是影响河南省粮食单产水平的主要因素，有效灌溉面积逐渐增加的情况下，河南省粮食单产水平明显提高。再次，气候条件对于农作物生长和发展也有很大的影响。温度、光照、降雨等因素都会对农作物的生长和发育产生重要影响。最后，一些研究表明，气候因素对于不同农作物的生长和发育影响不同。例如，毛喜玲等（2022）通过对华北地区玉米生长季内的气候指数和玉米单产变化情况进行分析，发现玉米单产受气候因素影响波动较大，其增减主要与高温和降水的变化显著相关。

（1）技术进步对农作物单产影响的研究。除了土壤肥力、气候条件、水资源等外部因素，现代技术因素对农作物单产水平的影响也非常重要。当前国内外许多学者都对农业技术进步相关领域的问题开展了大量研究。农业技术进步是推动农业生产发展的重要因素，尤其是对于提高农作物单产有着至关重要的作用。农业技术包括耕作技术、种植技术、施肥技术等。一些研究表明，适当的农业技术可以显著提高农作物单产水平。阿博拉（Agbola，2017）研究了技术进步对尼日利亚农业作物产量和农场规模分布的影响。结果显示，技术进步能够显著提高农作物单产，并促进农场规模的扩大；此外，技术进步对农民收入也产生了积极的影响。因此，他建议政府应加强对农业技术的投入和培训，以促进农业的可持续发展。阿克特尔（Akter，2017）研究了农业技术采用对孟加拉国农民福利的影响。结果显示，技术采用能够显著提高农作物单产和农民收入，尤其是对于女性农民和小农户的影响更加显著。因此，他建议政府应加强对农业技术的普及和培训，以提高农民的技能和生产能力。布拉沃·乌雷塔（Bravo - Ureta，1997）以多产业共生的生产函数为基础，研究了农业技术进步对于农作物单产提高的影响。研究结果表明，农业技术进步是提高农作物单产的主要因素之一，可以有效地提高农民的经济效益和生活水平。蒂芬（Tiffin，2000）分析了英格兰和威尔士农业中生产率和农场规模之间的关系，发现技术进步是提高农作物单产的主要因素之一。研究表明，农场规模虽然对生产率有影响，但是这种影响是非常有限的，而农业技术进步的贡献更为显著。陈勇等（2018）在研究四川省水稻生产投入特征的过程中发现，技术进步是提高水稻单产的关键因素。

（2）牧草产业技术效率与技术进步相关研究。当前国内针对农业技术进步的研究较多，如朱希刚（2002）、赵芝俊（2017）等对我国农业技术进步贡献率进行测定，石自忠（2016）、杨春（2019）等对我国草食畜牧业技术效率进行研究。而针对我国牧草产业技术效率与技术进步的研究较少，大多是通过定性分析阐述技术进步对于保障供给的作用。曹宏等（2006）在对甘肃东部地区的苜蓿进行研究后认为在陇东地区影响苜蓿供给的主要因素是单产水平低，苜蓿草产品质量和产量都有待提高。标准化程度和技术水平不高、生产效率低、亩产水平低、质量差等方面因素是制约国内苜蓿产业发展的主要原因，当前苜蓿生产不利于苜蓿供给的增加（王文信等，2016；李栋，2012）。当前我国缺乏优质牧草的供给，应该尽快加强科技水平，保证优质牧草的产量，使得市场的有效供给增加（王熙遥，2017）。仅有部分学者对个别牧草品种的生产技术效率及影响因素进行了研究。刘玉凤等（2014）利用国家牧草产业体系数据对苜蓿生产技术效率进行了测度，分析发现人工费与种子费对苜蓿产量的贡献份额分别为27.24%和17.21%；与要素投入相比，技术进步是推动苜蓿产业发展的最主要力量，据此测得我国苜蓿产业科技进步贡献率为49.4%。王文信等（2016）运用数据包络分析方法测算出河北省黄骅市种植苜蓿的技术效率达到0.77，并认为当地苜蓿种植还尚处粗放阶段。王丽佳（2017）基于甘肃省民勤县的农户调研数据，测算得出当地农户种植苜蓿的技术效率为0.87；同时指出，影响苜蓿生产技术效率的因素包括：农户受教育程度、机械设备、新技术的应用、温度等。石自忠（2019）利用随机前沿分析方法测算得出2011～2017年我国苜蓿产业技术效率平均为0.85。武延琴等（2021）基于2015～2019年甘肃省调研数据，测算得出甘肃省牧草产业技术效率平均为0.78，劳动力要素弹性与资本要素弹性分别为0.33和0.56，全要素生产率年均增速为2.41%。另外，汪武静等（2017）利用四川调查数据对黑麦草技术效率进行了测算，研究认为2014年四川省黑麦草生产技术效率可达0.87。

（3）技术效率与技术进步测度方法研究。关于技术进步贡献率的测算就是对经济增长中技术进步的贡献率的量化问题，其实质是计算科技进步对经济增长的贡献的份额。由于科技进步对经济增长和社会进步的作用几乎渗透到与经济增长相关因素的各个方面，因此难以直接测算科技进步对经济增长的作用。科技进步对经济增长贡献的测定方法很多，也都在不断发展和完善之中，各有其优点和局限性。C－D生产函数由底特律大学的经济学家查尔斯·科布（Charles Cobb）和保罗·道格拉斯（Paul Doug-las）于 1928 年提出，通过对数据进行回归得到弹性系数和生产效率，从而对生产效率进行测量。经济学家罗伯特·索罗（Robert Solow）基于 C－D 生产函数提出了索洛增长模型，用于测量技术进步对产出的贡献。索洛（Solow）残差方法通过比较实际生产量与由资本、劳动力和技术进步所解释的预期生产量之间的差异来确定技术进步的水平。随机前沿分析是由美国经济学家阿诺德·哈伯格（Arnold C. Harberger）和默顿·J. 佩克（Merton J. Peck）在 20 世纪 70 年代提出的。他们在研究企业生产效率时发现，传统的经济学方法无法有效地解释生产效率的差异，因此提出了 SFA 模型来评估生产效率和技术进步。它利用生产函数的前沿部分和随机误差部分，对生产效率进行测量。前沿部分是最高效率的生产过程，而随机误差则反映了国家或企业实际生产过程中存在的效率损失。该模型能够考虑到多种影响技术效率的因素，因此在某些情况下能够提供比 DEA 模型更准确的技术效率测度结果。数据包络分析这一方法的提出，最早可以追溯到 1978 年，由美国学者亚伯拉罕·查尔斯（Abraham Charnes）、威廉·W. 库珀（William W. Cooper）和爱德华·L. 罗兹（Edwardo L. Rhodes）提出。DEA 是一种用于评估相对效率的经济学方法，旨在评估生产或服务提供者的相对效率和最佳实践，适用于评估任何类型的生产或服务过程。该模型可以评估各种输入和输出因素对技术效率的影响，从而确定一个最优的技术效率水平。该模型在评估技术效率时不需要事先指定技术效率的具体形式，因此适用性较广。Malmquist 指数是用于衡量两个时期之间技术效率变化的指标，由瑞典经济学家约翰·马奎斯特（Johan Malmquist）在 1953 年提出。Malmquist 指数包括技术进步和技术效率变化两个方面，它通过对比两个时期内生产前沿的位置来衡量技术进步，通过对比两个时期内生产前沿与每个单位的距离来衡量技术效率变化。具体来说，Malmquist 指数将两个时期的生产前沿用一个技术前沿指数来表示，技术前沿指数越大，代表技术效率越高。同时，Malmquist 指数可以分解为技术进步指数和技术效率变化指数两部分，其中技术进步指数是衡量两个时期生产前沿位置变化的指标，技术效率变化指数是衡量两个时期内单位生产成本的变化情况（见表1）。

表1 科技进步贡献率经典测算方法对比

生产函数及测算原理	优点	缺点
C－D 生产函数索罗余值法	容易理解，不需要太多数据，且运算较为简单	假设弹性长期不变，模型形式固定条件过于严格，对数据变动极为敏感；不能形成逐年的分析趋势，也没有考虑偏性要素技术进步作用
Translog 函数随机前沿分析法	将非技术进步要素剔除在外，可以得出逐年的技术进步贡献率	待估参数较多，所以对样本数量的要求较高，需要收集到县市区一级的数据，操作相对复杂
数据包络分析 DEA（非参数方法）	不需要对生产函数的形式加以确定、无须对参数进行估计、允许无效率等行为存在等特征	只能提供数值，不能进行具体的统计检验，且无法控制误差项
指数法（非参数方法）：Malmquist、Tornquist 指数	在测算时只需要两个时期的观察值，对数据量要求不是很高	数据质量要求较高，一般难以满足；实际的技术进步不可观测，无法确定生产率变化的来源，因此该方法的操作性有所欠缺，一般与 DEA 等方法结合使用

2. 农作物种植面积影响因素的相关研究

（1）市场和政策因素对农作物种植面积影响的研究。影响农作物种植面积的因素很多，近年来有关影响农作物种植面积的影响因素研究主要集中在市场需求因素、政策因素和价格因素等。咸锐琦（2021）通过对呼伦贝尔市农户玉米种植面积影响因素进行分析，认为农户对玉米价格的预期、玉米市场价格等因素对玉米种植面积具有显著的正向影响。王彩峰（2018）对山东省苹果生产的影响因素进行分析，发现山东省苹果种植面积下降主要是由于当地非农就业机会增多、非农就业收入增加等因素的不利影响。张苏龙（2018）利用全国 31 个省（区、市）粮食种植面积的数据对影响粮食种植面积的因素进行了分析，认为粮食价格指数、农村居民人均纯收入、农资费用以及化肥施用量对我国粮食种植面积具有显著的影响。经济收益也是影响农作物种植面积的主要因素之一。农民在选择农作物种植面积时，农民通常会根据农作物的市场价格、生产成本和预期收益来选择种植的农作物。研究表明，随着农民收入水平的提高，他们往往更愿意种植高附加值的经济作物（周曙东等，2017）。政策因素也是影响农作物种植面积的重要因素之一。政府的政策和措施可以影响农民的种植决策，从而影响农作物种植面积。例如，政府提供的补贴、奖励和贷款等政策可以促进农民扩大种植面积，而限制性政策则可能导致农民减少种植面积。冯丽娜（2018）通过对小麦和稻谷主产区的调研，发现最低收购价政策的实施效果存在明显的异质性，在供给侧结构性改革的大背景下不能单纯依靠调控最低收购价格来保障粮食的种植面积，需要从农业生产成本、技术进步等多方面进行全面考虑。

（2）价格因素对农作物种植面积影响的研究。农作物价格是影响种植面积的重要因素，张贝倍（2020）通过对江苏省稻谷种植面积和价格数据的分析，研究显示稻谷价格对稻谷种植面积有显著的正向影响，面对稻谷价格变化，不同种植规模的农户的决策行为表现出明显的异质性。周曙东等（2018）分析了花生价格对不同规模农户花生种植面积的影响差异，发现随着经营规模的扩大，花生价格对农户种植花生面积的决策行为的影响呈倒"U"型。张曲薇（2019）通过对东北玉米种植面积的分析，发现玉米价格对种植面积有显著的正向影响。他们认为，这是因为高价格可以激励农民增加种植面积以获取更高的收益。

投入要素价格对于农作物种植面积也有着重要影响。当投入要素价格上涨时，农民会减少相应农作物的种植面积，从而影响农作物的产量和价格。吴珍彩（2021）通过对化肥价格波动与主要粮食作物种植面积的关系进行分析，得出化肥价格波动对小麦的种植面积有正向影响，而对水稻、玉米的种植面积有负向影响。韩振兴等（2022）对 1991～2019 年中国大豆生产的省级面板数据进行分析，发现在大豆主产省份，劳动力成本上升带来的影响会被主产区优势所弱化。

竞争作物价格对农作物种植面积也有一定的影响。当竞争作物价格上涨时，农民可能会减少相应农作物的种植面积，转而增加竞争作物的种植面积，以获取更高的收益。刘俊杰（2011）以小麦为例对我国粮食的价格波动进行了研究，发现竞争作物价格变动对小麦市场价格带来显著的正向影响，进而影响小麦的种植面积。乔辉（2017）基于动态蛛网理论和非对称性视角对花生种植户的生产决策行为进行了分析，发现花生种植户在应对竞争作物价格变化时会对花生种植面积进行调整。

（3）牧草种植面积影响因素的相关研究。在农作物种植面积的影响因素研究中，关于牧草种植面积的影响因素研究也有许多成果。许多学者从不同角度对牧草种植面积的影响因素展开论述，多为定性分析，定量研究相对较少。吕月（2022）以内蒙古自治区巴彦淖尔市杭锦后旗及磴口县为例，分析了影响农户选择种植牧草的因素，研究结论表明牧草种植补贴、农户承包的耕地面积以及是否参与合作社等因素，对农户选择种植牧草具有显著的影响。杨坤（2021）通过对甘肃省定西市安定区农户在"粮改饲"背景下种草意愿情况进行调研，发现农业劳动力人口、牧草种植年限、农业补助、家庭总收入、生态环境变化等因素，对农户参与粮改饲种植意愿具有显著的影响。此外，还有学者从粮食等竞争作物与牧草产业间关系的角度，对影响牧草种植面积的因素进行了分析。有学者认为政府增加粮食补贴会导致苜蓿等牧草地翻耕退草，而通过"退耕还林还草"等生态补贴政策又可以有效调动农户生产苜蓿积极性（侯向阳，2011）。也有学者认为其他作物种植补贴对苜蓿种植面积不会产生显著影响。

3. 文献评述

通过文献梳理发现已有研究具有以下特点：

第一，国内外学者在对农产品供需研究上，主要集中在水稻、玉米、小麦等基本粮食作物，还有一些学者对畜产品、油料作物、蔬菜、棉花等重要农产品进行了相关研究。但是从整体上看，现有研究分析的领域较为集中，对苜蓿产业的供给与需求研究较少，且主要停留在定性分析上，定量研究相对匮乏，相关研究有待进一步拓展与深化。

第二，当前对农作物供给能力是相关研究，主要通过分析农作物单产水平和种植面积展开，这为本文提供了一定的借鉴和参考，但由于数据获取、模型方法选取上的差异，导致不同学者测算得出的结果差距较大，缺乏广泛性和代表性。我国苜蓿产业仍处于发展的初级阶段，影响苜蓿单产的主要因素是现代技术因素，因此本文首先通过测度现代技术因素对苜蓿产出水平的影响，定量分析现代技术因素在苜蓿供给保障中的作用。关于苜蓿种植面积的影响因素同样借鉴已有研究成果，从价格因素入手进行分析，探究苜蓿草产品价格、竞争农作物价格等因素对苜蓿供给的影响。

第三，随机前沿分析法可以将非技术进步要素剔除在外，得出逐年的技术进步贡献率，故本文运用随机前沿分析法测算苜蓿产业科技进步贡献率。

第四，关于苜蓿草产品供给现状的研究成果较为丰富，指明了当前我国苜蓿草产品发展面临的挑战和约束，为本文的顺利开展奠定了研究基础。但是关于苜蓿草产品未来供给情况的研究却非常少，缺乏对我国苜蓿草产品供给趋势的分析和判断。了解和把握未来我国苜蓿草产品的供给情况，对于合理地制定产业政策，规划产业发展方向具有重要作用。基于此，本文将对苜蓿草产品的供给情况进行预测，对相关研究进行一定的补充。

（四）研究内容与方法

1. 研究思路

按照"文献研究→理论分析→模型构建→实证研究→对策建议"的主脉络，首先，对当前我国苜蓿草产品供给现状进行了深入分析；其次，通过单产和面积两个维度来对苜蓿草产品的供给进行考察，从现代技术因素对苜蓿种植单产的影响和价格因素对苜蓿种植面积的影响两个方面展开分析；再次，对未来我国苜蓿草产品供给能力进行预测分析，遵循了从理论出发通过构建模型和实证检验进一步提升理论的研究步骤；最后，根据研究结果提出保障我国苜蓿草产品有效供给的政策建议。技术路线如图1所示。

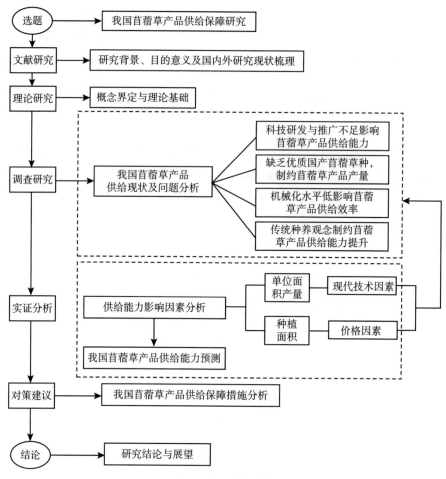

图 1　本文技术路线

2. 研究内容

根据上述研究背景与目的，本文主要内容如下：

研究内容 1：我国苜蓿草产品供给现状分析。对我国苜蓿产业发展历史、苜蓿人工种草与苜蓿商品草生产的总量特征、区域分布特征等内容进行梳理，并从苜蓿草产品进口数量和价格变化、进口来源、净进口依存度、出口情况等方面，对苜蓿草产品贸易现状进行了分析。整体把握我国苜蓿草产品供给的总体情况，为本文后面研究做好铺垫。在对我国苜蓿产业发展和苜蓿草产品供给现状细致梳理的基础上，提炼出本文关键科学问题，即我国苜蓿草产品有效供给受哪些因素影响？对这个问题的回答，有助于找到提升我国苜蓿草产品供给保障能力的重要抓手，改善当前我国苜蓿草产品供需不平衡的问题。

研究内容 2：现代技术因素对我国苜蓿草产品单产水平的影响分析。该部分在梳理出影响苜蓿单产水平的关键因素的前提下，基于国家牧草产业技术体系产业经济研究室对苜蓿生产的一手跟踪调研数据，分析现代技术因素对苜蓿草产品供给的影响机理。运用超越对数生产函数的随机前沿分析模型，测算我国苜蓿产业科技进步贡献率来反映现代技术因素对苜蓿供给能力的影响，并探究其他因素对苜蓿生产技术效率的影响。

研究内容 3：价格因素对我国苜蓿草产品种植面积的影响分析。采用供给反应模型探究生产者对苜蓿草产品价格、苜蓿生产投入成本、竞争农作物价格变化的反应。在模型估计中，需要选取合适的影响因素变量，对数据进行收集和整理，以保证模型的准确性和可靠性。同时，需要进行数据分析和模型检验，以验证模型的可靠性和有效性。最终，根据分析结果，提出相关建议和政策建议，以促进我国苜蓿草产品种植面积的增加和苜蓿草产品供给的提高。

研究内容 4：我国苜蓿草产品供给能力预测分析。未来我国苜蓿草产品的供给情况如何？供给能力是否有所提升？能否保障国内苜蓿草产品的需求？对这些问题的回答需要从苜蓿草产品供需视角出发，对我国苜蓿草产品的供给能力进行预测。通过构建灰色马尔可夫修正模型，预测未来一个时期（2021～2030 年）我国苜蓿草产品供给情况，旨在对未来我国苜蓿草产品供需做出科学和全面的判断。

3. 研究方法

统计分析法和比较分析方法。在本文研究中，统计分析法与比较分析法贯穿全文，基于宏观数据和实地调查数据，采用统计分析方法中的描述统计法，对不同地区苜蓿种植户生产投入数据统计与描述性分析。

计量分析方法。基于微观调研数据，选择符合数据结构与特征的计量模型进行实证分析。具体来看，主要分为以下几种：

（1）随机前沿分析模型（stochastic frontier analysis，SFA）：考虑到农业生产比大多数工业具有更多的变量性质，对于苜蓿生产过程更需要考虑不确定性以及外部扰动，随机前沿方法引入表示统计噪声的随机变量，具有解释噪声、可以进行假设检验的优势。结合苜蓿生产实际和方法自身的优势，本文通过构建超越对数生产函数的随机前沿分析模型，在对函数进行严格检验后，测度我国苜蓿生产技术效率和技术进步率，反映现代技术因素对苜蓿供给能力的影响。

（2）供给反应模型：也叫 Nerlove 模型，生产函数和供给函数都是描述生产和供应关系的重要工具，但它们所关注的问题略有不同。生产函数侧重于测量投入要素的效率，以便优化生产过程，从而实现最大化产出和利润的目标。供给函数则描述了在不同价格水平下生产者愿意提供的产品数量。供给函数的核心是生产者对价格信号的反应，侧重于衡量价格与产量之间的关系。供给反应模型是在农业经济学中广泛使用的一种供给反应函数模型，采用供给反应模型能够模拟苜蓿生产者基于预期而做出的种植决策行为，判断价格因素对苜蓿草产品供给的反应程度。

（3）灰色马尔可夫修正模型：GM（1，1）是基于灰色系统理论的预测模型，建立在马尔可夫过程基础上的动态系统模型。GM（1，1）模型的基本思想是将原始数据序列转化为具有指数增长规律的新序列，然后将新序列视为一阶线性差分方程的解，并根据该方程的特征值和初始值确定模型参数。在确定了模型参数后，可以利用模型进行预测和分析。GM（1，1）模型的优点是可以通过少量的数据进行建模和预测，并且可以在数据不充分的情况下进行预测。在实际应用中，GM（1，1）模型常用于短期预测和长期趋势分析，特别是对于非线性和不规则的数据具有较好的适用性。

4. 数据来源说明

本文的数据来源主要为微观调查数据和宏观统计数据两部分。微观调查数据主要通过实地调查的方式获得，来源于课题组承担的国家牧草产业技术体系产业经济研究室对苜蓿生产的跟踪调研。主要包含河北省、内蒙古自治区、宁夏回族自治区、四川省、山西省、新疆维吾尔自治区、黑龙江省、吉林省、陕西省、山东省共 10 个省份的苜蓿种植户。使用的宏观数据主要来源于《中国草业统计》《中国奶业年鉴》《中国畜牧业统计》《全国农产品成本收益资料汇编》和布瑞克农业数据库等官方数据平台。

（五）可能的创新点

本文以苜蓿草产品为研究对象，主要从苜蓿草产品供给角度对苜蓿生产展开研究，可能的创新之处如下。

第一，系统地梳理了当前我国苜蓿草产品供给现状。以往农产品供给能力研究对象主要围绕是水稻、小麦和玉米等粮食作物及经济作物。本文以苜蓿草产品为研究对象，对苜蓿草产品现状、供给影响机理进行了分析，拓宽了牧草产品供给侧分析框架。

第二，针对"十三五"时期我国苜蓿产业科技进步的研究较少，且数据缺乏广泛性和代表性，对于新时期我国苜蓿产业高质量发展指导意义不强，本文基于 2015 ~ 2020 年国家牧草产业技术体系产业经济研究室跟踪的苜蓿生产微观数据，选择具有广泛适用性，能够将非技术进步要素剔除在外的超越对数生产函数随机前沿分析方法，对我国 10 个省份的苜蓿产业技术进步率进行测算与分解，更好地明晰技术进步对于保障苜蓿草产品供给的贡献。

第三，采用供给函数模型探究生产者对苜蓿草产品价格、生产投入要素价格和替代作物的价格变化的反应。

二、我国苜蓿草产品供给现状分析

苜蓿产业对于满足优质牧草供应、推动草食畜牧业高质量发展，保障国家食物安全具有重要战略意义。《中国草业统计年鉴》数据显示：2019年我国苜蓿商品草种植面积约为 659 万亩，较 2015 年增长了 1.54%，苜蓿商品草产量为 384 万吨，较 2015 年增长了 4.20%，苜蓿的种植面积和产量稳步上升。整体上看，我国苜蓿产业发展势头良好，但苜蓿草产品仍面临着巨大供需缺口。本文主要对我国苜蓿草产品供给的基本情况进行分析，以宏观把握近年国内苜蓿产业发展现状和存在的问题，为后续研究奠定背景基础。

（一）苜蓿产业发展总体现状分析

苜蓿原产于伊朗地区，因其粗蛋白质含量高、单产高、草质优良等特性被称为"牧草之王"，是目前全球范围分布最广泛的栽培牧草。早在两千多年以前，我国就有关于种植苜蓿的记载，主要分布于西北地区、华北地区、东北地区和江淮流域（李清忠，2019）。苜蓿分布面积广，是我国主要的饲料作物之一。在肉牛、肉羊饲养中，添加一定比例的苜蓿可以提升肉质；在生猪日粮中添加一定比例的苜蓿，能提高胴体瘦肉率和能繁母猪 PSY。但由于苜蓿价格高昂，在国内一般用于奶牛的饲喂。在奶牛养殖过程中，苜蓿可以作为优质的粗饲料替代部分精饲料，能够显著提升牛奶产量、乳蛋白质和非脂乳固体含量（王玲，2018），从而提升牛奶品质，增产增收效果明显。

20 世纪 90 年代中国牧草产业开始起步，到 2004 年我国已基本形成牧草种子繁育、牧草生产、加工、销售等完整的产业链条。此后，受国家粮食最低收购价政策的影响，出现了"毁草种粮"现象，牧草产业发展出现了瓶颈，2008 年"三聚氰胺"事件发生后，乳业和牧草产业发展受到了极大的重视，我国牧草产业开始进入快速调整时期，参考王明利等（2018）的研究，将 2004～2012 年划分为我国牧草产业的调整发展时期，这一时期"振兴奶业苜蓿发展行动项目"在 2012 年开始启动，旨在通过饲喂优质苜蓿改善我国乳产品质量，提升我国乳业的发展水平。该项目直接推动了苜蓿等优质牧草产业的快速发展（石自忠，2021）。我国牧草产业在经历了快速调整阶段后，近年来经过不断地发展，已经开始进入探索实现牧草产业高质量发展的新阶段。国家和地方政府出台多项政策对牧草产业进行扶持和鼓励，2022 年中央一号文件《中共中央 国务院关于做好2022 年全面推进乡村振兴重点工作的意见》、2023 年中央一号文件《中共中央 国务院关于做好 2023 年全面推进乡村振兴重点工作的意见》均提出要加快发展苜蓿等产业，激发了企业、农牧民等农业经营主体种植苜蓿等牧草的积极性，改善了我国牧草产业的发展环境和产品质量，从牧草种业到生产、加工、销售等环节都取得了巨大的进展。

（二）苜蓿草产品产量和种植面积现状

1. 苜蓿人工种草产量和种植面积现状

表2为2010～2020年苜蓿的生产及商品化情况。可以看出我国苜蓿种植面积呈先上升后下降的整体趋势，2015年为这一阶段苜蓿种植面积的峰值，2015年后苜蓿种植面积出现下降。主要是由于第二轮草原生态保护补助奖励政策较上轮政策实施内容做了调整，取消了用于种草扶持的牧草良种补贴和生产资料综合补贴。2019年国家机构改革和草业职能调整后，国家将政策资金中原先用于草牧业发展的绩效考核奖励资金由农业农村部门划转到林草部门，主要用于草原生态修复。由于种草扶持资金较往年大幅减少，导致各地种草积极性有所下降，同时局部地区受气候干旱、倒春寒等灾害天气和市场价格波动等因素的影响，人工种草面积较上年有所下降。

表2　　　　　　　2010～2020年我国苜蓿生产及商品化情况

年份	苜蓿种植面积 （万亩）	产量 （万吨）	单位产量 （吨/亩）	苜蓿商品草产量 （万吨）	商品化率 （%）
2010	4 123	1 649	0.40	523	31.71
2011	4 096	1 679	0.41	359	21.38
2012	4 543	2 090	0.46	271	12.97
2013	4 765	2 144	0.45	344	16.04
2014	4 959	2 281	0.46	358	15.69
2015	4 992	2 296	0.46	369	16.07
2016	4 909	2 258	0.46	380	16.83
2017	4 782	2 259	0.47	359	15.89
2018	4 617	2 251	0.49	334	14.84
2019	3 478	1 694	0.49	384	22.67
2020	3 310	1 665	0.50	387	23.24

资料来源：2010～2020年《中国草业统计》。

从产量看，其变化趋势与种植面积基本相同。2015 年苜蓿产量达到峰值后开始下降，但下降幅度低于种植面积下降幅度。主要是由于苜蓿单位产量有所提升，减缓了苜蓿总产量的下降幅度。2010 年我国苜蓿单位产量为 0.40 吨/亩，到 2020 年苜蓿单位产量为 0.50 吨/亩。但是也可以看出，我国苜蓿单产提升幅度较小，2020 年仅比 2010 年增加 0.10 吨/亩，与发达国家相比仍然有较大的提升空间。从商品率来看，我国苜蓿商品化率呈先升后降的整体趋势，2010 年商品率最高为 31.71%，随后下降到 15% 左右，2020 年商品率上升到 23.24%，这与近年来苜蓿价格高涨密切相关。从我国苜蓿生产及商品化情况可以看出，近年来我国苜蓿产业发展虽然取得了一定的成效，但是苜蓿种植面积不稳定，单产水平有待提升，苜蓿商品化程度依旧较低，这些因素都对我国苜蓿产业的进一步发展造成了阻碍。

2. 苜蓿商品草产量和种植面积现状

2010~2020 年全国苜蓿商品草产量见表 2，需要特别说明的是由于统计口径的变化，2010 年的相关数据仅作参考。可以看出，2011~2020 年我国苜蓿商品草总产量呈增长趋势，在 2013 年后逐步趋于平稳，2020 年全国苜蓿商品草产量为 387 万吨，达到近年来历史最高水平。表 3 为 2010~2020 年全国苜蓿商品草种植面积情况。从苜蓿商品草面积来看，苜蓿商品草生产面积常年位居全国商品草生产面积前三。2010 年全国苜蓿商品草生产面积为 717 万亩，占全国商品草生产总量的 22.8%；2020 年全国苜蓿商品草生产面积为 629 万亩，占全国商品草生产总量的 40.4%，种植面积占比较 2010 年增加 17.6%。甘肃、内蒙古和宁夏是我国苜蓿商品草主要种植区。种植面积总体来看，呈先降后升，中间有一定的波动。总体来看，苜蓿商品草种植面积在 2016 年达到近年来最高，随后几年保持平稳。这主要是由于第二轮草原生态保护补助奖励政策取消了牧草良种补贴和生产资料综合补贴，致使 2016 年后"种草骗补"等行为得到有效的遏制。近些年尽管苜蓿商品草种植面积有所下降，但单产水平与总产量均有所提升。

表3　2010～2020年我国各省份苜蓿商品草种植面积　单位：万亩

省份	2010年	2011年	2012年	2013年	2014年	2015年	2016年	2017年	2018年	2019年	2020年
北京	3	3	1	0.73	22.11	3	—	—	—	—	—
天津	—	—	—	—	—	—	—	—	—	—	—
河北	25	73	25	27.20	—	23.53	10.1	11.4	18.97	22.57	25.41
山西	10	3	2	1.3	—	9	8.2	20	9.85	11.75	3.11
内蒙古	18	109	39	120.6	114.42	152.32	160.6	154.5	124.46	139.1	121.43
辽宁	8	6	12	3.12	15.1	12.42	—	—	—	—	—
吉林	3	2	3	5.82	31	—	19.5	3	1.1	6.2	7.09
黑龙江	10	10	36	26	30.42	31.51	31.8	30.6	25	26.1	16.86
黑龙江农垦①	—	—	—	—	—	8	7.6	7.6	4.43	5.3	5.33
江苏	1	1	1	0.8	—	—	—	—	—	—	—
安徽	—	—	10	10	9.6	5	6	5	—	3.2	3.6
山东	16	14	16	16.32	11.91	3.8	5.5	4.5	5.5	5.99	4.15
河南	10	5	4	1	4.22	3.8	3.4	3.8	3.76	2.76	6.99
湖北	—	1	—	0.32	0.81	1.22	0.1	0.4	0.38	0.2	0.34
湖南	—	—	—	—	—	—	—	—	—	0.1	0.10
重庆	—	—	—	0.11	—	—	—	—	—	—	—
四川	76	76	2	1.32	—	—	3.5	0.1	0.06	0.06	—
贵州	—	—	—	—	0.81	1.2	—	—	—	—	—
陕西	350	36	8	10.71	15.91	31.2	32	31.3	37.19	40.04	41.92
西藏	1	—	—	—	—	—	—	—	0.01	0.15	—
云南	—	—	—	0.21	0.61	0.7	0.7	0.5	—	0.03	0.03
甘肃	139	171	206	291.52	294.41	287.6	294	293.9	325.88	279.83	268.51
青海	4	—	1	—	—	—	—	—	—	0.80	1.40
宁夏	39	41	41	37.2	24.6	56.8	72.1	46	47.08	79.8	80.61
新疆	7	32	4	15.8	10	11.1	14.4	8.5	—	31.85	38.11
新疆兵团	—	3	13	11.2	12	10.3	8.1	4.8	4.24	2.98	4.41
全国	717	538	423	581	598	649	678	626	608	659	629

注：①兵团属于中国计划单列的副省级单位，自行管理内部行政、司法事务，受中共中央政府和地方政府双重领导，所以单独列出来。

资料来源：2010～2020年《中国草业统计》。

（三）苜蓿草产品贸易现状①

1. 苜蓿草产品进口数量和价格变化

2017 年全球苜蓿草产品国际贸易量为 830 万吨，贸易总额约为 23 亿美元（谢华玲，2021）。日本是全球最大的苜蓿进口国，我国苜蓿进口居第二。2021 年我国草产品进口总量为 204.52 万吨，苜蓿草产品进口总量为 183.26 万吨，占比近 90%。我国苜蓿草产品进口主要以特优级、优级和一级苜蓿为主的优质商品苜蓿干草为主（97% 为苜蓿干草，3% 为苜蓿粗粉及颗粒），苜蓿草粉、苜蓿团粉及颗粒进口量占整体进口量的比重较小。因而，此处我们主要分析苜蓿干草的进口情况（见图 2）。2008 年"三聚氰胺事件"之后，我国开启了大量进口苜蓿干草之旅，2009 年我国开放对美国苜蓿的进口，2010 年正式进入大规模进口的新阶段。2010 年我国苜蓿干草进口量达 21.82 万吨，2016 年苜蓿干草进口量增加到 138.79 万吨，6 年里年均增长率为 36%，该时期苜蓿干草进口量可称得上是井喷式增加。2017 年首次出现超低速增长，2017 年进口量为 139.91 万吨，同比增加了 0.8%。受中美贸易战的影响，2018 年我国苜蓿干草进口首次出现负增长，2018 年进口量为 138.35 万吨，同比减少了 1%。2019 年进口量进一步减少至 135.61 万吨，同比减少了 2%。随着 2019 年后半年美国苜蓿进口关税暂免措施的实施，进口量又出现了反弹，2020 年苜蓿干草进口量回升至 135.91 万吨，同比增加 0.2%。2017~2020 年我国苜蓿干草进口增速显著放缓。一方面，受贸易战等突发事件的影响；另一方面，由于国内苜蓿产业的发展，国内苜蓿产品供给逐年增加，缓解我国对进口苜蓿的旺盛需求，降低了苜蓿干草进口的增长速度。2021 年苜蓿干草的进口量为 178 万吨，创历史最高。一方面，中美贸易摩擦与新冠疫情影响逐渐散去；另一方面，原料奶价格的上涨使得国内奶牛养殖企业加大了奶牛养殖规模，并加大对于优质苜蓿的使用量。

---

① 该部分内容主要说明当前我国苜蓿草产品国内供给不足，进口量与进口价格逐年攀升，进口依存度高等突出问题。对草产品贸易更深入的分析，详见"草产品贸易专题"。

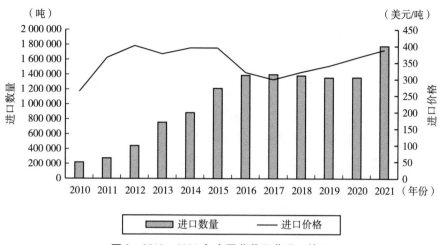

图2 2010～2021年中国苜蓿干草进口情况

资料来源：历年《中国海关统计年鉴》。

从图2可以看出，2010年以来我国苜蓿干草进口数量大幅增长，但苜蓿干草进口价格与进口量的变化趋势并不是完全一致的，苜蓿干草进口价格在很长一段时间内呈下降趋势。2010年苜蓿干草平均进口价格为270.76美元/吨，2012年上涨至393.42美元/吨，创近10年来最高后开始逐年走低，2017年进口价格跌至302.78美元/吨，同比下跌了23%。亚洲和中东地区对牧草产品需求日益增加，国际草产品价格也曾一度走高，但随着苜蓿生产大国不断扩大苜蓿生产，在一定程度上缓解了国际草产品价格上涨的压力。2017年我国草产品进口价格出现大幅下滑，首先是美国苜蓿干草库存增加，价格大幅度下跌。美国农业部公布的数据显示，2016年美国苜蓿种植面积较2015年增长8.4%，导致苜蓿干草库存量快速上涨，影响了苜蓿国际市场的价格。2018～2021年，国际市场上苜蓿干草均处于供给紧张的状态，这一时期苜蓿干草价格年均增长5.98%，草产品价格再度高企。这一时期，多个苜蓿主产国受自然灾害影响，导致苜蓿减产。如西班牙在2018年5～7月受持续降雨影响，严重阻碍了苜蓿的收获。美国和加拿大受雨水和火灾等影响，2018年苜蓿产量也出现了不同程度的下降。苜蓿主产国的产量下降直接导致2018年全球牧草供应紧张，粗饲料供给短缺，苜蓿干草价格大幅上涨。2020年全球暴发新冠疫情，作为世界苜蓿生产第一大国美国更是重灾区，导致生产成本和海运成本上升。受国内需求旺盛，2021 年我国苜蓿干草进口价格进一步上涨至 382 美元/吨。

2. 苜蓿草产品进口来源

从进口来源看（见图 3），我国苜蓿干草进口主要来自美国（81%）和西班牙（13%）。美国是世界苜蓿生产第一大国，也是我国苜蓿干草最主要的进口来源国。近年来我国从美国进口的苜蓿干草量占苜蓿干草总进口量的比重均超过 80%，这反映出我国苜蓿干草对美国的进口依赖度较强。2018 年 6 月 16 日我国对美加征关税商品清单，对原产于美国的苜蓿加征 25% 的关税，加征关税导致美国苜蓿干草对华出口量出现近 10 年来首次下滑。2019 年 9 月惩罚性关税暂停，来自美国的苜蓿恢复性增加，2020 年从美国进口苜蓿干草回升至 118.53 万吨，占比恢复至 87.21%。2021 年从美国进口苜蓿干草 143.43 万吨，占比 81%。西班牙是继美国之后的第二大苜蓿出口国，草产品主要以苜蓿团粉及颗粒和脱水苜蓿为主，我国进口的苜蓿团粉及颗粒 90% 来自西班牙。2021 年苜蓿干草从西班牙进口 22.73 万吨，占比 13%；从加拿大进口 4.67 万吨，占比 3%；从南非进口 5.19 万吨，占比 3%。

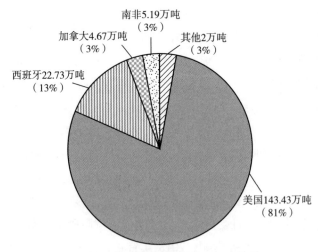

图 3　2021 年中国苜蓿干草进口来源国

资料来源：2021 年《中国海关统计年鉴》。

随着我国对更多国家开放苜蓿干草进口准入，草产品进口来源国日趋多元化。美国苜蓿干草在我的市场份额有所下降。西班牙居苜蓿干草进口来源国第二位，拥有13%左右的市场份额，其余来自加拿大、南非、苏丹、意大利及阿根廷。可以看出，西班牙脱水苜蓿的市场份额在不断提高。随着西班牙出口商对中国市场开拓力度的加强，西班牙脱水苜蓿在我国苜蓿干草市场上还有进一步提升的空间。苜蓿团粉及颗粒产品进口来源国也一改西班牙一家独揽的局面，意大利、哈萨克斯坦及南非也开始涉足中国苜蓿团粉及颗粒产品市场。

3. 苜蓿草产品出口现状

如图4所示，由于国内对于苜蓿商品草需求旺盛，我国苜蓿干草、苜蓿粗粉及团粒出口份额很小，并呈现出逐年下降趋势。出口地主要有俄罗斯、韩国以及我国港、澳、台地区。2015年以后国产苜蓿草产品基本没有出口，已经转变为苜蓿草产品净进口国家，出口竞争力较低。

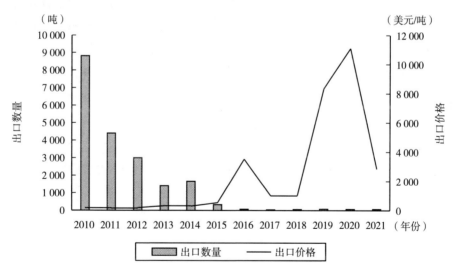

图4 2010～2021年中国苜蓿干草出口情况

资料来源：历年《中国海关统计年鉴》。

4. 苜蓿草产品净进口依存度变化

净进口依存度是衡量苜蓿草产品对外部供给的净依存情况，我国苜蓿草产品的净进口依存度直接反映了我国对苜蓿草产品的自主供给能力，是衡量我国苜蓿产业及草食畜牧业自主性及安全性的重要指标。净进口依存度的测算已有很多成熟的方法，参考卜伟等（2013）、张抗（2011）的研究，对我国苜蓿草产品净进口依存进行测算，具体公式如式（1）所示：

净进口依存度 = 净进口量/（净进口量 + 产量）× 100%　　　（1）

将苜蓿生产和贸易数据代入式（1）中，计算得到 2010～2020 年中国苜蓿净进口依存度，结果如图 5 所示。从图 5 中可以看出，2010 年以后我国苜蓿草产品对外依赖度快速提高。2010 年我国苜蓿草产品进口依存度为 3.85%，2020 年我国苜蓿草产品进口依存度达到了 25.99%。这意味着我国越来越需要依靠进口来满足国内苜蓿草产品的需求。这种情况可能会导致我国草食畜牧业和苜蓿产业发展面临风险和挑战。因为进口的苜蓿草产品受到外部因素的影响，例如汇率波动、贸易政策变化、气候变化等，这些因素都可能导致苜蓿草产品的价格波动和供应不稳定。《"十四五"全国饲草产业发展规划》是针对全国牧草产业发展的第一个专项规划，提出了"十四五"时期我国牧草产业发展的一系列目标，明确指出到 2025 年牛羊牧草需求保障率达 80% 以上。促进国内苜蓿草产品的生产和发展，降低对进口苜蓿草产品的依赖程度，已经成为我国苜蓿草产业发展亟待解决的突出问题。

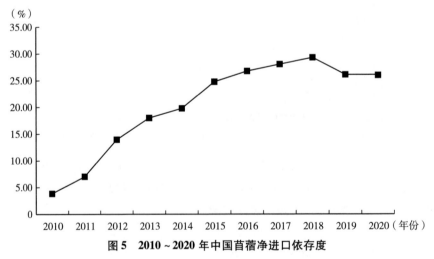

图 5　2010～2020 年中国苜蓿净进口依存度

资料来源：历年《中国海关统计年鉴》。

（四）当前我国苜蓿草产品供给存在的问题

1. 传统种养观念制约苜蓿草产品供给能力提升

我国苜蓿产业发展既受到人多地少基本国情的刚性制约，也受到牧草料生产"不与人争粮、不与粮争地"的政策约束。传统种养观念仍占据主导地位，无论是牧草生产者、养殖者，还是部分政府管理者，对草产业的认识还不到位，重粮轻草、重林轻草现象普遍存在。一些管理者仍会认为"种草会影响粮食生产""种树比种草节水"。2016 年第二轮草原生态保护补助奖励政策较上轮政策实施内容作了调整，取消部分补贴，各地种草积极性有所下降，粮食补贴政策对苜蓿种植积极性也造成了挤压。

苜蓿种植主产区单产水平较低。由表 3 可以看出苜蓿在我国的种植分布很广，2020 年全国苜蓿的种植面积约为 629 万亩，产量约为 387 万吨。西北地区是我国苜蓿种植的主要区域，甘肃省、内蒙古自治区、宁夏回族自治区是苜蓿种植的主产省份，种植面积多年来始终处于全国前列，分别占全国苜蓿总种植面积的 43%、19% 和 13%。但是西北地区的苜蓿单产水平整体较低，约为 550 千克/亩，低于全国平均单产水平（584 千克/亩）。云南省、湖北省和四川省等省份虽然苜蓿种植面积低于西北地区，但苜蓿单产水平相对较高，约为 1 667 千克/亩[①]，远超西北地区苜蓿单产水平。除地理位置、自然环境等因素的差异外，西北地区经济发展水平相对落后，技术应用能力较弱，很大程度上制约了苜蓿单产水平的提升。

2. 科技研发与推广不足影响苜蓿草产品供给能力

我国苜蓿产业科技支撑能力较弱，相关科研工作起步较晚，虽然我国苜蓿的栽培历史比较长，但是在现代化、工业化的农业生产中，苜蓿作为牧草作物的研究与应用相对滞后，起步相对较晚。首先，我国苜蓿种质资源的采集和保护相对滞后，导致我国苜蓿的遗传多样性相对较差，影响苜蓿品种的培育和改良。其次，在苜蓿栽培、种植、收割、加工等方面，存在一些技术瓶颈，如病虫害防治、精准施肥等，需要通过科技手段进行突

---

① 资料来源：《中国草业统计（2019）》。

破。最后，苜蓿作为一种传统牧草作物，其生产技术相对落后，缺乏前沿技术的应用，例如基因编辑、遗传改良等，限制了苜蓿产业的发展。

近年来，随着政府部门对苜蓿产业的重新布局，我国苜蓿产业科技支撑能力有所改善。以科研院所和高校为主的研究机构力量不断增强（见表4）。苜蓿产业相关专利数量已位居全球首位，但是科研成果的影响力和应用能力与欧美等苜蓿产业科技强国相比仍有一定的差距。专利申请来源方面，我国与欧美等国家也有所不同，我国苜蓿产业相关专利的申请来源主要是公共部门，而欧美国家的专利主要以企业申请为主（见表5）。相对于发达国家，我国苜蓿产业的科学技术研发投入仍然相对较少，这限制了我国苜蓿产业的技术水平和创新能力的发展。我国苜蓿产业高素质的科研人员和技术人才也较为缺乏，这对于科技创新和成果转化形成了限制。我国苜蓿产业内各企业之间缺乏密切的合作，缺乏共享资源、技术交流和合作创新的机会，这也限制了产业创新的速度和成效。

表4 **苜蓿领域研究论文 TOP10 机构分布**

论文数量排名	研究机构	论文数量（篇）	近5年发文占比（%）	总被引频次（次）	篇均被引频次（次）	机构类型	主要学科领域
1	美国农业部	2 029	9	37 351	18.41	科研院所	农学和植物科学
2	加拿大农业与农业食品部	1 111	8	14 565	13.11	科研院所	农学和植物科学
3	法国国家农业食品与环境研究院	793	16	31 799	40.10	科研院所	植物科学和生物化学与分子生物学
4	法国国家科学研究中心	654	17	34 301	52.45	科研院所	植物科学和生物化学与分子生物学
5	美国加利福尼亚大学	579	9	16 466	28.44	大学	农学和植物科学
6	美国威斯康星大学	566	8	14 928	26.37	大学	农学和植物科学

论文数量排名	研究机构	论文数量（篇）	近5年发文占比（%）	总被引频次（次）	篇均被引频次（次）	机构类型	主要学科领域
7	美国明尼苏达大学	503	9	13 665	27.17	大学	农学和植物科学
8	美国诺贝尔研究所	414	23	20 520	49.57	科研院所	植物科学和生物化学与分子生物学
9	中国科学院	294	49	6 041	20.55	科研院所	植物科学和环境科学
10	美国犹他州立大学	283	9	3 792	13.40	大学	昆虫学和农学

资料来源：SCI（Web of Science）数据库，检索时间为2021年5月。

表5　　　　　　　苜蓿领域 TOP10 专利申请机构分布

专利申请数量排名	专利申请机构	专利申请数量（项）	机构类型	主要技术构成
1	美国科迪华农业科技	666	企业	育种相关
2	德国拜耳集团	395	企业	育种相关
3	德国巴斯夫集团	331	企业	育种相关
4	中国农业科学院	229	科研院所	园艺、育种和栽培相关
5	美国杜邦公司	222	企业	育种相关
6	美国蓝多湖公司	119	企业	育种相关
7	中国科学院	93	科研院所	育种相关
8	中国化工集团	81	企业	育种相关
9	中国农业大学	65	高校	育种和种植相关
10	甘肃农业大学	53	高校	育种和饲料加工相关

资料来源：DII（Derwent Innovation Index）和 DI（Derwent Innovation）数据库，检索时间为2021年6月。

　　苜蓿产业科技方面与草业发达国家存在较大的差距，一方面，由于我国苜蓿产业整体起步较晚，生产经营体系尚不完善；另一方面，种植者对于先进的种植技术掌握和应用较少。标准化生产的滞后制约着苜蓿产品质量提升。以奶牛为主的规模化养殖场对苜蓿产品的品质要求较高，而国内生产出的商品苜蓿在粗灰分、粗蛋白含量、杂类草含量等指标上与美国、西班牙进口商品苜蓿尚有一定差距。市场对高质量的苜蓿需求旺盛，国产苜蓿在市场中的竞争力较弱。长期以来由于基层工作环境艰苦、工资待遇不高、本职工作旁移等原因，乡镇农技人员流失严重，早已陷入"网破、线断、人散"的窘境，一些成功的科研成果不能得到及时推广应用。

3. 缺乏优质国产苜蓿草种，制约苜蓿草产品产量

高质量的苜蓿种子，是生产优质苜蓿的重要基础和保证。苜蓿种源不足、适生优良品种缺乏，已成为苜蓿产业发展的突出问题。目前我国优良草品种的育成品种较少。2011～2020年，我国培育牧草新品种170个，其中包括紫花苜蓿品种33个。而同期美国培育了1 359个，包括紫花苜蓿品种730个，分别是我国的8倍和22倍。一方面，由于我国草类植物育种工作起步晚、积累少；另一方面，我国和美国的品种审定制度存在明显的差异。美国的登记制度更加自由，育种者可以自行认证品种的质量，而我国则采用审定制度，需要经过国家或省级机构的认证。这意味着在我国，品种的认证过程更加严格，需要花费更长的时间。在美国，育种者可以根据自己的判断和市场需求自行育成新品种，并将其推向市场。在这种情况下，品种的认可更多地依赖于其在实际生产和种植中的表现和市场反馈。因此，美国更加注重品种的实际效果和市场潜力。相比之下，我国更加注重品种的科学性和稳定性。在我国，品种需要经过多个层面的审定和测试，包括科学实验、试种和试验生产等，以确保品种的质量和效果（南志标等，2022）。

由于受土地成本高、机械化水平低、科研投入少等因素制约，国内苜蓿制种价格较国外普遍偏高，并且在种子生产质量上参差不齐，丰产性能不如进口种子，且无法适应多区域种植。目前我国苜蓿用种量的80%依赖进口，且进口来源较为集中，超过90%的苜蓿种子进口来源为加拿大，进口来源主要为加拿大、澳大利亚、意大利和法国。进口国来源过于集中会导致贸易风险集中于少数国家或地区，一旦发生特殊时期（如政治动荡、

自然灾害等）可能会对供应链造成严重影响，从而威胁到经济和社会稳定。同时，我国幅员辽阔，地形与气候条件复杂，进口种子并不适宜在所有区域推广种植，降低了我国苜蓿产业的国际竞争力。

4. 机械化水平低影响苜蓿草产品供给效率

苜蓿生产中的关键机械问题在于收割和打捆。牧草收割和打捆机械设备的质量会直接影响到草产品品质和下一茬草的生产。一般来说，国内的农业机械产品与国外同类产品相比，存在一定的技术差距，牧草播种机械也不例外。国内的牧草播种机械在性能指标上与国外同类产品相比较为落后，如工作效率、作业质量等方面存在差距。国内的牧草播种机械设计相对简单，结构比较单一，而国外同类产品通常采用先进的设计理念和技术，具有更高的可靠性和稳定性。国内牧草播种机械的制造工艺相对落后，生产设备和技术比较陈旧，无法满足高品质、高精度的生产要求。目前种植收获苜蓿使用的大型机械多依赖国外进口，虽然国产机械价格上具有明显优势，但由于国产机械存在不耐用、易损坏、实际作业效率低等问题，实际生产中，种植者一般不选用国产机械。

苜蓿生产机械化水平不高。由于苜蓿收获加工的时间窗口较窄，在短时间内完成收储加工等环节，需要借助大量机械劳动才能完成。牧草机械化收获与人工收获相比可提高劳动生产率，因为机械化收获能够使农民在单位时间内收割更多的牧草，从而节省人力和时间成本，并且在大规模生产时可以提高效率和减少劳动力成本。相比之下，人工收获需要更多的人力和时间成本，而且在大规模生产时，需要雇用更多的劳动力，这会增加成本并降低效率。此外，人工收获还容易受到天气等自然因素的影响。机械收割有利于牧草的安全储存和次年再生（刘晶，2020）。但我国割草机和搂草机保有量仅为美国的1%，刈割压扁和打捆等核心技术还需要从国外引进（金娟，2021）。当前我国苜蓿生产机械化率较低，收割打捆设备数量不足，许多种植者只能排队等待。苜蓿生产只有在一定的规模化和机械化生产条件下，才能取得较好的生产收益。机械化和规模化水平较低，生产成本高，成为制约我国苜蓿产量和质量进一步提升的重要因素。

（五）小结

本部分对我国苜蓿草产品的供给状况进行了一个详细的调查和梳理，与第四、第五、第六部分构成了总分关系，是后面研究的铺垫。主要观点如下：

第一，当前我国苜蓿产业仍处于发展的初级阶段，面临着高产优质草种短缺、生产加工能力弱、经营管理粗放、政策扶持力度不足、技术推广滞后的窘境。苜蓿草产品市场存在巨大缺口，影响苜蓿草产品的有效供给。

第二，当前我国苜蓿草产品国内供给严重不足，进口依存度逐年攀高，2015 年以后国产苜蓿草产品基本没有出口。国内苜蓿商品草供给能力不足主要是国内生产滞后导致。因此，在后文分析中暂不考虑贸易因素。

第三，在对我国苜蓿产业发展和苜蓿草产品供给现状细致梳理的基础上，提炼出两个关键科学问题，即我国苜蓿草产品有效供给受哪些因素影响？未来我国苜蓿草产品的供给能力能达到什么水平？对这两个问题的回答，有助于找到提升我国苜蓿草产品供给保障能力的重要抓手，改善当前我国苜蓿草产品供需不平衡的问题。

三、我国苜蓿单产水平影响因素分析

上一部分基于统计数据描绘性分析了我国苜蓿草产品供给现状和存在问题，苜蓿草产品供给能力不足问题的形成是多种因素共同作用的结果，分析苜蓿草产品有效供给受哪些因素影响是解决这一问题的重要抓手。一般来说，农产品的供给可以通过单产和种植面积两个维度来进行考察，本文首先梳理出影响苜蓿单产水平的关键因素，分析现代技术因素对苜蓿草产品供给的影响机理。运用超越对数生产函数的随机前沿分析模型，测算我国苜蓿产业科技进步贡献率来反映现代技术因素对苜蓿供给能力的影响程度，并探究其他因素对苜蓿生产技术效率的影响。

（一）影响机理分析

影响苜蓿草产品有效供给的因素众多，概括而言主要包括现代技术因素、产品价格因素、自然环境因素、农资投入因素、农户观念因素等多个方面。在资源约束的背景下，现代技术因素能够在有限的资源条件下提高苜蓿的单产水平、提升苜蓿草产品品质和降低自然风险损失，进而影响苜蓿供给能力。现代技术对苜蓿草产品有效供给的影响主要体现在：第一，苜蓿生产加工技术的研发与应用可提升苜蓿产业现代化水平。开发利用盐碱地、山坡地、河滩地、贫瘠土地等边际土地发展苜蓿产业，推广兼作、轮作、混作、套作等多种种植模式，通过科技助力多渠道扩大苜蓿种植；通过培育适宜我国本土生长的抗逆、抗盐碱、丰产的苜蓿良种，不断提高苜蓿草产品单产水平。而苜蓿产品质量更是高度依赖产业技术进步，如在降水较多地区推广苜蓿半干青贮生产技术，能够有效避免苜蓿雨季生产损失，提升苜蓿草产品品质。第二，苜蓿草产品分级技术的发展可推动苜蓿草产品标准化。当前，实现苜蓿草产品内在质量的检测对中小养殖企业来说依然十分困难，因此，市场对于苜蓿草产品质量检测和质量等级分级技术需求迫切。苜蓿草农产品质量检测技术的进一步发展可为检测识别提供便利性，逐渐实现产品甄别。第三，物流技术的发展可以扩大苜蓿生产带辐射区域，一定程度上缓解了区域内草畜矛盾；现代信息通信技术加快了信息传播的速度，由供需信息不对称造成"无草可食"的困境得到解决。

（二）研究方法与模型构建

现代技术因素对我国苜蓿草产品供给能力的影响，可以认为是现代技术对苜蓿产出的贡献程度。科技进步贡献率的概念是指广义技术进步对产出增长的贡献份额，该指标是衡量科技竞争实力和现代技术因素对生产力影响的综合性指标，因此本部分通过测算我国苜蓿产业科技进步贡献率来反映现代技术因素对苜蓿供给能力的影响。

1. 研究方法

由于随机前沿分析法可以将非技术进步要素剔除在外，得出逐年的技术进步贡献率，故本文运用随机前沿分析法。首先，构建苜蓿产业随机前沿生产函数模型，并对模型涉及的参数进行估计。其次，对苜蓿产业的技术进步进行分解。将广义技术进步分解为苜蓿产业狭义技术进步率、规模报酬收益变动率与技术效率变动率。其中苜蓿产业狭义技术进步率又可分为中性技术进步与偏性技术进步。最后，根据模型拟合结果及分解结果计算苜蓿产业科技进步贡献率。根据昆巴卡尔（Kumbhakar）对于生产率分解的研究，广义技术进步率可分解为以下四个部分：狭义技术进步率、技术效率变动率、规模报酬收益变动率和要素配置改进收益，广义技术进步率的分解方程如式（2）所示（刘玲利，李建华，2007）。

$$
\begin{aligned}
TFP &= \dot{TP} + \sum_j (\varepsilon_j - S_j) \frac{d\ln X_j}{dt} + \dot{TE} \\
&= \dot{TP} + (\varepsilon - 1) \sum_j \frac{\varepsilon_j}{\varepsilon} \frac{d\ln X_j}{dt} + \sum_j (\varepsilon_j - S_j) \frac{d\ln X_j}{dt} + \dot{TE}
\end{aligned}
\tag{2}
$$

其中，TFP 表示广义技术进步率；TP 表示狭义技术进步率；$(\varepsilon - 1) \sum_j \frac{\varepsilon_j}{\varepsilon} \frac{d\ln X_j}{dt}$ 代表规模报酬收益变动率；ε_j 表示投入要素的产出弹性，$\varepsilon = \sum \varepsilon_j$；$\sum_j (\varepsilon_j - S_j) \frac{d\ln X_j}{dt}$ 表示要素配置改进收益；S_j 是第 j 种要素的成本与所有要素成本的比值；TE 是技术效率变动率，由技术效率对时间 t 求偏导得到。

如果资本要素和劳动力要素能够充分流动，要素都会追求最大的价格、企业则追求最大利润，在这种状态下，资源配置效率对生产率增长的贡献应该趋于零。且现有研究也指出资源配置效率对产出的增长影响并不显著，因此要素配置改进收益可以忽略不计（涂正革、肖耿，2005）。换言之，$\frac{\varepsilon_j}{\varepsilon} \approx S_j$。从而得到简化的昆巴卡尔（Kumbhakar）分解公式为式（3）：

$$
TFP = TP + (\varepsilon - 1) \sum_j \frac{\varepsilon_j}{\varepsilon} \frac{d\ln X_j}{dt} + TE
\tag{3}
$$

根据研究目的，广义技术进步率可以用苜蓿产业狭义技术进步率、规模报酬收益变动率与技术效率变动率之和来表示，狭义技术进步率具体计算公式为式（4）：

$$TP = \frac{\partial \, \ln f(\ln X_j, \, t)}{\partial \, t} = (\alpha_1 + \alpha_2 t) + \sum_{j=1}^{3} \beta_{Ai} \ln X_j \qquad (4)$$

其中，$\alpha_1 + \alpha_2 t$ 表示中性技术进步；$\sum_{j=1}^{3} \beta_{Ai} \ln X_j$ 表示对单个投入要素发挥作用的偏性技术进步。

技术效率变动率是指技术效率的变化情况，技术效率等于可观测的实际产出与随机前沿产出的比值，计算公式如式（5）所示：

$$TE = \frac{y}{y^*} = \frac{\exp(\beta_0 + \beta_1 \ln x_j + \nu - \mu)}{\exp(\beta_0 + \beta_1 \ln x_j + \nu)} = \exp(-\mu) \qquad (5)$$

其中，y 为可观测的实际产出，y^* 随机前沿产出，β 为参数；ν 为统计噪声，μ 为与技术无效有关的非负随机变量，两者共同组成随机扰动项。

规模报酬收益变动率（SRC）通过产出弹性和要素投入增长率数据计算得出。其中，x_j 的产出弹性 ε_j 的计算公式如式（6）所示：

$$\varepsilon_j = (\beta_j + \beta_{Aj} t) + \sum_{j=1}^{3} \beta_{kj} \ln X_j \, \sqrt{b^2 - 4ac} \qquad (6)$$

其中，ε_j 可以分为三个部分，一是固定弹性值 β_j；二是随时间变动的部分 $\beta_{Aj} t$，其具体大小与该要素偏性技术进步作用有关；三是随要素投入量变动的部分 $\sum_{j=1}^{3} \beta_{kj} \ln X_j$，其具体大小与 β_{kj} 有关，β_{kj}（$k \neq j$）表示要素投入之间的交互作用。

规模报酬指数 ε 为各要素弹性之和，如式（7）所示：

$$\varepsilon = \varepsilon_S + \varepsilon_L + \varepsilon_F + \varepsilon_M + \varepsilon_0 \qquad (7)$$

规模报酬收益变动率 SRC 计算公式如式（8）所示：

$$SRC = (\varepsilon - 1) \sum_{j} \frac{\varepsilon_j}{\varepsilon} \frac{d \ln X_j}{dt} \qquad (8)$$

科技进步贡献率（$TPCR$）是技术进步率与当年总产值增长率的比值（董恒敏，2015）。苜蓿产业科技进步贡献率是指在总产出增长中，技术进步作用所占的份额。科技进步贡献率的计算公式如式（9）所示。

$$TPCR = \frac{TP}{Y'/Y^{\circ}} \qquad (9)$$

2. 模型构建

随机前沿生产模型的理论最早由爱格纳（Aigner，1977）和梅森
（Meeusenm，1977）等首先分别提出。随机前沿生产函数模型的一般形式
如式（10）所示：

$$y = f(X_{ij}, t, \beta) \, e^{(v-u)} \tag{10}$$

其中，y 是实际产出；x_{ij} 是投入要素向量；$f(*)$ 为确定性前沿产出（张煜，
2015）；β 为待估计的参数；t 为技术变化的时间趋势变量 $t = 1, 2, \cdots, T$；
$e^{(v-u)}$ 为误差项，表示实际产出与最大可能产出的差，$0 \leqslant e^{(v-u)} \leqslant 1$，$v$ 为
观测误差和其他随机因素，u 是用于衡量相对前沿技术效率水平的技术非
效率指数，$u \geqslant 0$，独立于统计误差 v。

在测算 2015~2020 年我国苜蓿产业科技进步贡献率时，本文以随机
前沿模型为基础，选取超越对数生产函数进行实证分析，模型具体形式如
式（11）所示：

$$
\begin{aligned}
\ln Y = {} & \beta_0 + \beta_1 \ln S_{it} + \beta_2 \ln L_{it} + \beta_3 \ln F_{it} + \beta_4 \ln M_{it} + \beta_5 \ln O_{it} \\
& + \beta_6 (\ln S_{it})^2 + \beta_7 (\ln L_{it})^2 + \beta_8 (\ln F_{it})^2 + \beta_9 (\ln M_{it})^2 \\
& + \beta_{10} (\ln O_{it})^2 + \beta_{11} (\ln S_{it})(\ln L_{it}) + \beta_{12} (\ln S_{it})(\ln F_{it}) \\
& + \beta_{13} (\ln S_{it})(\ln M_{it}) + \beta_{14} (\ln S_{it})(\ln O_{it}) + \beta_{15} (\ln L_{it})(\ln F_{it}) \\
& + \beta_{16} (\ln L_{it})(\ln M_{it}) + \beta_{17} (\ln L_{it})(\ln O_{it}) + \beta_{18} (\ln F_{it})(\ln M_{it}) \\
& + \beta_{19} (\ln F_{it})(\ln O_{it}) + \beta_{20} (\ln M_{it})(\ln O_{it}) + \beta_{21} T + \beta_{22} T^2 \\
& + \beta_{23} (\ln S_{it})(T) + \beta_{24} (\ln L_{it})(T) + \beta_{25} (\ln F_{it})(T) \\
& + \beta_{26} (\ln M_{it})(T) + \beta_{27} (\ln O_{it})(T) + (v_{it} - u_{it})
\end{aligned} \tag{11}
$$

其中，y_{it} 为第 i 个生产者在 t 期的苜蓿生产单位产出；S_{it}、L_{it}、F_{it}、M_{it}、
Q_{it} 为第 i 个生产者在第 t 期的种子投入、人工投入、肥料投入、机械投入、
其他投入；β_n 为待估参数。各个投入变量的一次项为短期内对产出变量的
影响；二次项为长期对产出变量的影响；交叉项为两两投入变量之间的相
互作用对产出变量的影响。v_{it} 和 u_{it} 分别为第 i 个省份第 t 年的随机误差项
和技术无效率项，假定 v 服从正态分布 $N(0, \sigma_v^2)$，u 服从截断正态分布
$N(0, \sigma_v^2)$。在此基础上可以进一步测得技术进步率和科技进步贡献份额。

（三）数据说明与变量选取

1. 数据来源

本文数据来源于课题组承担的国家牧草产业技术体系产业经济研究室对苜蓿生产的跟踪调研。主要包含河北省、内蒙古自治区、宁夏回族自治区、四川省、山西省、新疆维吾尔自治区、黑龙江省、吉林省、陕西省、山东省共 10 个省份的苜蓿种植户。结合研究目的，选取 2015～2020 年我国苜蓿商品草种植面积、销售单价、生产投入和产出等相关数据进行分析。为增强年际间的可比性，剔除年际间不连续的种植户，构建平衡面板数据。剔除无效数据后，最终得到包括 166 个样本，共 996 户次的面板数据。从样本分布来看，基本覆盖了我国苜蓿高、中、低产区，因此能够较好地代表我国苜蓿产业的整体水平。

2. 变量选取

2015～2020 年我国苜蓿投入产出基本情况如表 6 所示。因变量为苜蓿单位产值，各解释变量为种子费、人工费、肥料费、机械费和其他费用（农药费、水电费等）。为了剔除价格因素的影响，本文以 2015 年为基期，将苜蓿种子费、机械费、肥料费、人工费和其他费用通过农业生产资料价格指数进行平减。需要说明的是，由于模型设定是单位面积下的投入与产出，所以要素投入不考虑土地成本。

表 6   2015～2020 年我国苜蓿投入产出基本情况

年份	产量（千克/亩）	价格（元/千克）	种子费（元/亩）	人工费（元/亩）	肥料费（元/亩）	机械费（元/亩）	其他费用（元/亩）
2015	549.46	1.47	25.37	82.03	82.71	106.52	81.17
2016	720.19	1.58	30.65	121.60	83.74	130.59	76.02
2017	725.75	1.59	31.97	126.75	81.83	143.27	74.78
2018	749.16	1.70	33.55	132.81	87.78	131.67	43.23
2019	729.98	1.67	37.39	130.75	87.21	127.59	56.88
2020	751.63	1.83	38.90	140.49	89.23	128.62	58.86

资料来源：根据国家牧草产业体系产业经济研究室监测数据整理所得。

根据苜蓿生产投入产出变化情况来看，2015~2020年我国苜蓿年均产量为735.34千克/亩，平均价格为1.67元/千克，平均投入成本为445.23元/亩，平均纯收益为754.52元/亩，年均成本收益率为165.16%。2020年苜蓿平均亩产为751.63千克/亩，较2015年提高了36.80%。总体来看，苜蓿平均亩产在2016年提升幅度较大，随后几年保持平稳。这主要是由于第二轮草原生态保护补助奖励政策取消了牧草良种补贴和生产资料综合补贴，致使2016年后"种草骗补"等行为得到有效的遏制。2020年苜蓿平均价格为1.83元/千克，较2015年提高了24.49%，呈现出持续上升趋势；总投入为456.09元/亩，较2015年提高了20.72%，种植投入连年攀升。

（四）模型检验与结果分析

1. 模型检验

长期以来，随机前沿函数模型争议最大的问题在于不同形式的生产函数会产生不同的分析结果，函数形式的设置直接关系到结论的正确与否。对此，本节针对模型的设定作了5个方面的假设检验，分别是：第一，检验随机前沿模型的适用性；第二，检验生产函数形式，即检验超越对数（Translog）函数和柯布道格拉斯函数哪个更为合适；第三，检验随机前沿模型中是否存在技术变化；第四，检验模型技术变化是否为希克斯中性；第五，检验技术效率是否具有时变性。具体结果如表7所示。

表7 模型设定检验结果

检验	原假设	llf	lr	自由度 k	$x^2_{1-0.05}$ (k)	检验结论
1	H0：$\gamma=0$	690.195	22.992	3	7.05	拒绝
2	H0：二次项系数=0	120.443	1 139.504	3	7.05	拒绝
3	H0：时间项等=0	598.558	183.2731	3	7.05	拒绝
4	H0：时间交乘项=0	632.810	114.77014	3	7.05	拒绝
5	H0：$\eta=0$	626.892	126.606	2	5.14	拒绝

资料来源：根据模型结果整理所得。

从表 7 中 LR 检验结果可以看出，以上五个假设均拒绝原假设。检验表明，C-D 生产函数不适用于本文；在研究期内，我国苜蓿产业生产过程存在着希克斯非中性技术进步；技术效率会随时间变化，并存在技术无效率项。这说明采用超越对数随机前沿分析方法更为合理，能够较好地体现出我国苜蓿产业生产技术效率及技术进步情况。

2. 模型结果分析

基于所建立的随机前沿分析模型，运用 Stata16.0 软件对面板数据进行回归，相关变量的估计系数如表 8 所示。

表 8　　　　　　　　　随机前沿分析模型估计结果及显著性

变量	估计系数	Z 检验值	变量	估计系数	Z 检验值
$\ln S_{it}$	2.091 ***	14.22	$\ln F_{it}\ln M_{it}$	-0.026 **	-2.47
$\ln L_{it}$	0.618 ***	4.92	$\ln F_{it}\ln O_{it}$	-0.003	-0.95
$\ln F_{it}$	0.366 ***	3.64	$\ln M_{it}\ln O_{it}$	-0.001	-0.11
$\ln M_{it}$	0.036	0.32	T	0.073 *	1.87
$\ln O_{it}$	0.195 ***	3.15	T^2	-0.005 **	2.43
$\ln S_{it}^2$	-0.149 ***	-5.81	$T\ln S_{it}$	0.006	0.77
$\ln L_{it}^2$	0.010	0.77	$T\ln L_{it}$	-0.006	-0.92
$\ln F_{it}^2$	0.007 *	1.71	$T\ln F_{it}$	0.004	0.84
$\ln M_{it}^2$	0.047 ***	5.46	$T\ln M_{it}$	-0.005	-1.19
$\ln O_{it}^2$	-0.020 ***	-6.93	$T\ln O_{it}$	0.005	1.16
$\ln S_{it}\ln L_{it}$	-0.114 ***	-4.52	常数项	-0.129	-0.58
$\ln S_{it}\ln F_{it}$	-0.037 *	-1.66	σ^2	0.035 ***	15.93
$\ln S\ln M$	-0.049 **	-2.07	σ_u	0.069 ***	17.40
$\ln S_{it}\ln O_{it}$	-0.033 **	-2.26	σ_v	0.173 ***	24.69
$\ln L_{it}\ln F_{it}$	-0.022 **	-2.15	Log likelihood	690.195	
$\ln L_{it}\ln M_{it}$	-0.009	-0.56	观察值	996	
$\ln L_{it}\ln O_{it}$	0.002	0.19			

资料来源：根据模型结果整理所得；***，** 和 * 分别表示在 1%，5%，10% 的显著性水平上通过检验。

　　结果显示，多数变量通过了 10% 水平的显著性检验，且对数似然函数值（Log likelihood）相对较大，表明该模型拟合效果良好。$\sigma^2 = (\sigma_v^2 + \sigma_u^2)$ 和 $\gamma = \sigma^2 / (\sigma_v^2 + \sigma_u^2)$ 都在 1% 的水平上显著。另外，经计算 γ 值为 0.856，说明技术无效率是复合误差项的主要来源，随机误差在复合误差中的比例很小，控制投入要素和其他不可控因素后，技术无效率导致 85.6% 的样本户未达到前沿面的产出水平；时间变量 T 和 T^2 均通过了检验，但都趋近于 0，说明苜蓿生产技术进步增长缓慢。

　　3. 苜蓿生产技术效率总体水平

　　生产技术效率指生产者从给定的一组投入获取最大产出的能力，技术效率提高意味着生产者能成功地从一个给定的投入生产集中尽可能得到较大的产出。根据前面对随机前沿生产函数的估计结果，可以得出我国苜蓿生产的前沿产出，实际产出与前沿产出的比值即为苜蓿生产技术效率。使用数据分析软件 Stata16.0 对调研数据和前沿产出数据进行计算，得到 2015～2020 年各省苜蓿生产技术效率，测算结果如表 9 所示。

表 9　　　　　　　　　　　2015～2020 年各省区苜蓿生产技术效率

省（区）	2016 年	2017 年	2018 年	2019 年	2020 年	均值
河北	0.9208	0.8024	0.8822	0.8547	0.9199	0.8760
黑龙江	0.9078	0.8584	0.8842	0.8747	0.9178	0.8886
吉林	0.9163	0.8673	0.8650	0.8511	0.8525	0.8704
内蒙古	0.9103	0.8267	0.8997	0.8538	0.8991	0.8779
宁夏	0.8727	0.8893	0.9117	0.8564	0.9015	0.8863
山东	0.9510	0.9095	0.8734	0.8793	0.8597	0.8946
山西	0.8954	0.9210	0.8927	0.8492	0.8689	0.8854
陕西	0.8878	0.8503	0.8887	0.8514	0.8991	0.8755
四川	0.7723	0.7610	0.7829	0.7949	0.8203	0.7863
新疆	0.8958	0.8177	0.8666	0.8431	0.8793	0.8605
均值	0.8993	0.8469	0.8858	0.8523	0.8914	0.8751

资料来源：根据模型运行结果整理所得。

从全国层面来看，我国苜蓿产业在 2015～2020 年技术效率均值为 0.8751，较 2015 年增长了 6.03%，年际间略有波动，整体处于较高水平。从空间分布来看，2015～2020 年山东省苜蓿生产技术效率最高，平均达到 0.8946；四川省苜蓿生产技术效率最低，平均为 0.7863。苜蓿产业的发展与当地自然条件、基础设施、政策支持等因素密切相关，我国不同区域的苜蓿生产技术效率存在较大差距。宁夏回族自治区种植苜蓿历史悠久，自然条件适宜苜蓿生长。黑龙江省是传统产粮大省，随着"粮改饲"项目的开展以及在种植苜蓿较高的比较效益驱动下，苜蓿种植生产效率得到迅速提高。河北省、山东省作为传统草食畜牧业大省，对苜蓿需求量较大，继而推动了当地苜蓿产业的发展，苜蓿生产者更加注重技术效率的提升。内蒙古自治区、山西省近年来随着基础设施和农机社会化服务组织的完善，苜蓿生产技术效率得到了有效提升。部分省区如四川省，受到地形影响，连片土地耕作面积较少，地块小且分散，不适宜大规模机械作业，苜蓿产业发展受到制约，影响苜蓿生产效率的提升。

4. 苜蓿生产技术进步率与科技进步贡献率分析

基于以上结果，对我国苜蓿产业科技进步贡献率进行分解，结果如表 10 所示，2015～2020 年我国苜蓿产业狭义技术进步率为 0.0572，广义技术进步率为 0.0698。在广义技术进步率的各个组成部分中，狭义技术进步率始终是最主要的成分，占据了大部分的比重。但由于我国地域辽阔，不同省份间的区域特征和产业结构差异较为明显，导致各地苜蓿产业发展不平衡。从空间分布来看（见表 10），技术进步最快的省份是陕西省，平均达到 0.0655；其次，宁夏回族自治区和黑龙江省的苜蓿产业狭义技术进步率分别为 0.0607 和 0.0574。上述三个地区苜蓿产业技术进步率高于全国平均水平。这些省份具有适宜苜蓿生长的气候条件、方便大型机械作业的大规模连片土地，且当地政府拥有发展苜蓿产业的动力，吸引了一大批专业化龙头企业示范建设，具备技术进步驱动产业发展的基础；同时是《全国草食畜牧业发展规划（2016－2020 年）》中苜蓿产业布局重点发展省份，专业化产业集群程度较高。先后形成了宁夏黄河灌区、陕北榆林风沙区等苜蓿产业集群区。在这些因素的综合作用下，技术进步呈现出西北和东北地区苜蓿种植省份的技术进步率高于西南地区等区域特征。

表 10　　　2015～2020 年苜蓿产业省域层面技术进步率及其分解

省（区）	技术效率变动率	规模报酬收益变动率	偏性技术进步率	技术进步率
河北	0.0432	−0.0048	−0.0020	0.0525
黑龙江	0.0169	−0.0011	0.0029	0.0574
吉林	0.0104	−0.0002	0.0002	0.0547
内蒙古	0.0244	−0.0029	0.0023	0.0568
宁夏	0.0111	−0.0024	0.0062	0.0607
山东	−0.0078	−0.0035	0.0007	0.0552
山西	0.0079	−0.0011	0.0025	0.0570
陕西	0.0032	−0.0085	0.0110	0.0655
四川	0.0168	−0.0011	−0.0010	0.0535
新疆	0.0082	−0.0024	−0.0003	0.0541
均值	0.0155	−0.0029	0.0023	0.0572

资料来源：根据公式计算整理所得。

根据式（9）可以得出 2015～2020 年科技进步贡献率为 52.50%。技术进步在苜蓿单产增长中所占比重已超过一半，说明技术进步已成为我国苜蓿产业保持增长的主要动力。但与草业发达国家相比，仍有较大的差距。一方面是由于我国苜蓿产业整体起步较晚，生产经营体系尚不完善；另一方面也说明我国苜蓿产业的科学技术水平、研发水平和科技成果转化能力相对较低，苜蓿产业的科学技术水平亟待提高。

5. 苜蓿生产技术损失的影响因素分析

苜蓿产业生产技术效率除受到本身资源配置外，还会受到自然因素、农户特征因素等因素的影响。自然因素包括土壤肥力、气候条件、降水和光照等外部因素，都会对农作物的生长和发育产生重要影响。苜蓿生长受自然因素影响，具体体现为影响苜蓿草产品产量和苜蓿草产品质量。不同的生长条件会对苜蓿草产品品质产生影响，自然灾害会造成苜蓿草产品减产甚至绝收。本文基于微观农户数据，在实际生产中，家庭特征变量如劳动力受教育水平、家庭机械拥有量、是否加入合作社都会很大程度上影响苜蓿草产品的供给。受教育程度体现在新技术的采纳程度，通过决定"用什么种/施什么肥，怎么使用"影响苜蓿草农产品供给数量和质量。不同的种子、化肥以及使用方式会影响苜蓿草产品中的蛋白质含量进而影响到整体品质。机械的使用不仅能够提高农业生产的效率，还能降低苜蓿生产的成本，有效替代人工的投入。

参考现有研究的基础上，选取生产者受教育程度、机械化水平、组织化程度、气象灾害冲击等因素，对苜蓿生产效率损失进行分析。以受教育年限（A_1）作为对生产者受教育程度的考察。选取机械拥有量（A_2）作为反映苜蓿种植机械化水平的指标。选取是否加入合作社（A_3）作为衡量组织化程度的重要指标；选取本地区是否受灾（A_4）来反映自然灾害对苜蓿生产效率的影响。成本效率损失函数的具体表达式为：

$$U_{it} = \alpha_0 + \alpha_1 A_1 + \alpha_2 A_2 + \alpha_3 A_3 + \alpha_4 A_4 + \omega \tag{12}$$

其中，U_{it} 表示苜蓿生产过程中损失程度，$A_n(n=0，1，2，3，4)$ 为影响成本非效率的各项因素，$\alpha_n(n=0，1，2，3，4)$ 为待估参数，ω 为随机误差项。对苜蓿生产技术效率损失函数进行估计，结果如表11所示。

表11　　　　　苜蓿生产技术效率损失函数参数估计结果

解释变量	参数	系数值	T统计量
A_1	α_1	− 0.005 ***	（− 5.33）
A_2	α_2	− 0.006 ***	（− 4.26）
A_3	α_3	− 0.009	（− 1.41）
A_4	α_4	0.024 ***	（3.51）
常数项	α_0	0.184 ***	（25.45）
观察值	996		
F	28.54		

注：***，** 和 * 分别表示在1%，5%和10%的显著性水平上通过检验。

根据表 11 结果可得到本文具体的生产效率损失函数为式（13）：

$$U_{it} = 0.184 - 0.005A_1 - 0.006A_2 - 0.009A_3 + 0.024A_4 + \omega \qquad (13)$$

从苜蓿生产非效率函数参数估计结果来看：受教育年限（A_1）的参数值在 1% 的水平上显著为负，即受教育年限越长生产效率损失越低，苜蓿生产效率越高。这主要是由于苜蓿生产者受教育程度越高，对新技术的接受程度越高，田间管理更规范，有利于提高生产效率。

机械拥有量（A_2）的参数值在 1% 的水平上显著为负，说明机械对苜蓿生产效率影响显著。一般来说，机械拥有量越多，在苜蓿生产中机械化程度越高，越有利于节省人工劳动，提高生产效率，而且苜蓿收获的时效性要求较高，相应的对大规模机械化及配套性要求也较高。

是否加入合作社（A_3）的参数值为负，但结果不显著。一方面，这主要是由于调研样本户中加入合作社的比例较低；另一方面，牧草产业组织化发展水平整体较低，现有合作社组织主要提供基础性服务，在技术支持等方面作用有限，对苜蓿生产效率的提升作用不明显。

是否受灾（A_4）的参数值在 1% 的水平上显著为负，这一方面是由于苜蓿收割窗口期较短，且收获时间点多逢雨季，苜蓿生产受自然条件影响较大；另一方面，2015～2020 年部分省区自然灾害多发，如河北省、山东省等地多次发生旱涝灾害，导致苜蓿减产，严重影响苜蓿生产效率。

（五）小结

在梳理出影响苜蓿单产水平的关键因素基础上，分析现代技术因素对苜蓿草产品供给的影响机理。基于国家牧草产业技术体系产业经济研究室对苜蓿生产的一手跟踪调研数据，运用超越对数生产函数的随机前沿分析模型，测算我国苜蓿产业技术效率与科技进步贡献率，以此来反映现代技术因素对苜蓿单产水平提升的影响程度，并探究其他因素对苜蓿生产技术效率的影响。得出以下主要结论：

第一，2015～2020 年我国苜蓿产业技术效率均值为 0.8751，较 2015 年增长了 6.03%，年际间略有波动，整体仍处于较高水平。不同地区苜蓿生产技术效率差异显著，山东省苜蓿生产技术效率最高，平均达到

0.8946；四川省苜蓿生产技术效率最低，平均为 0.7863。

第二，机械化水平、生产者受教育程度、气象灾害冲击等因素均对苜蓿生产技术效率有显著影响。

第三，我国苜蓿产业在 2015～2020 年，各地加大了对苜蓿产业的科技投入和政策扶持力度，商品苜蓿草单产水平稳步提高，科技进步贡献率为 52.50%。技术进步在苜蓿单产增长中所占比重已超过一半，说明技术进步已成为我国苜蓿产业保持增长的主要动力。

四、我国苜蓿种植面积影响因素分析

对农产品供给的研究主要运用生产函数和供给函数。生产函数和供给函数都是描述生产和供应关系的重要工具，但它们所关注的问题略有不同。生产函数侧重于测量投入要素的效率，如技术进步和各种生产要素的生产率，以便优化生产过程，从而实现最大化产出和利润的目标。供给函数则描述了在不同价格水平下生产者愿意提供的产品数量。供给函数通常会受到许多因素的影响，如成本、技术进步、生产要素的可获得性等。但是，供给函数的核心是生产者对价格信号的反应，供给函数侧重于衡量价格与产量之间的关系。供给反应模型是在农业经济学中广泛使用的一种供给反应函数模型。该模型以农户的供给行为为研究对象，用以描述农户在决定生产数量时所面临的市场和非市场因素的影响（邵飞，2011）。

（一）影响机理分析

1. 往期种植面积因素对苜蓿种植面积的影响机理

往期种植面积对苜蓿种植面积的影响机理非常复杂，需要考虑多个因素的相互作用。生产者在作物选择时，往往会受到往期的经验和收益的影响。如果往期苜蓿种植面积较大，意味着该地区的苜蓿种植效益相对较高，生产者很可能会继续选择种植苜蓿。相反，如果往期苜蓿种植面积较小，可能表明该地区的苜蓿种植效益不佳，生产者就会更倾向于选择其他作物。此外，如果苜蓿种植已经连续几年进行，可能会导致地力下降，使得苜蓿产量下降，生产者会更倾向于选择其他作物。

2. 产品价格因素对苜蓿种植面积的影响机理

价格变动对供给的影响则主要体现在三个方面：①产品价格。当苜蓿商品草价格上涨时，生产者的收益也会随之增加。这会刺激种植户生产更多的苜蓿草，以获得更高的利润。相反，如果苜蓿商品草的价格下降，生产者的利润也会下降，从而减少他们的生产意愿。根据蛛网理论假设，在其他因素都不变的情况下，商品的本期产量决定了本期的价格，而本期价格决定下期的生产量。种植户对苜蓿草产品的预期价格越高，生产者未来愿意提供的苜蓿草产品数量越多，从而影响种植决策和供给水平。②生产要素价格。如果生产苜蓿商品草投入要素的价格上涨超过苜蓿商品草的价格上涨幅度，生产苜蓿商品草的成本上升致使种植户的利润空间下降，种植户愿意提供的苜蓿商品草供给量可能会下降。③竞争作物价格。当竞争作物价格上升时，可能导致生产者减少种植苜蓿的面积。这是因为生产者会将资源（如土地、劳动力和资本）投入可以带来更高利润的作物中，而放弃或减少投入苜蓿种植中。

（二）研究方法与模型构建

1. 研究方法

供给反应模型是一种用于研究农作物价格对种植面积影响的经济模型，由经济学家阿诸德·哈伯格（Arnold C. Harberger）和马克·内洛夫（Marc Nerlove）于 1962 年提出。该模型的基本假设是，生产者在制定种植决策时，考虑的主要因素是产量和收益。模型将种植面积作为因变量，而价格、投入要素价格、气候和其他控制变量则作为自变量。模型可以通过 OLS（最小二乘法）估计，计算出每个自变量对种植面积的影响系数，从而得出价格对种植面积的影响。

供给反应模型是基于生产者的成本和预期价格来预测供给量，该模型将生产者对价格的预期以及其他影响因素都纳入分析。据此形成的供给函数可表述为式（14）：

$$q_t = q(pe_t, z_t) = \alpha pe_t + \beta z_t \tag{14}$$

其中，q_t 代表 t 时期农产品产量（或种植面积）；pe_t 代表 t 时期农产品的期望价格；z_t 代表 t 时期的劳动力投入、化肥施用量等其他影响农产品产量的因素。纳洛夫（Nerlove，1956）认为农户会通过往期的期望价格与实际价格的差距，不断地学习和调整生产决策，以使其期望价格更接近实际价格。适应性价格预期模型是用来模拟生产者这一学习行为的模型，该模型假设农户根据实际价格对预期价格做出调整，并通过适应性预期系数 τ 来表达调整的速度和幅度。数学表达式分别为式（15）、式（16）：

$$qd_t = \alpha\, pe_t + \beta\, z_t \tag{15}$$

$$pe_t - pe_{t-1} = \tau(p_{t-1} - pe_{t-1})\, 0 \leqslant \tau \leqslant 1 \tag{16}$$

其中，qd_t 代表 t 时期的期望农产品产量（或种植面积）；pe_t 代表 t 时期的期望价格；pe_{t-1} 代表 $t-1$ 时期的期望价格；p_{t-1} 代表 $t-1$ 时期的农产品实际价格；τ 为适应性预期系数。

在实际生产中，虽然农户会根据不断地学习调整期望价格进而调整生产决策，但是由于大幅度调整生产决策也意味着承担更多的成本，农户通常会不会大范围调整生产决策，而是根据期望价格进行局部调整，将农产品产量（或种植面积）调整为新价格水平下的均衡状态。因此，在实际调整的农产品产量（或种植面积）和期望产量（或种植面积）之间存在一个比率，表示为式（17）：

$$q_t - q_{t-1} = \delta(qd_t - q_{t-1}) \quad 0 \leqslant \delta \leqslant 1 \tag{17}$$

其中，q_t 表示 t 时期农产品产量（或种植面积）；q_{t-1} 表示 $t-1$ 时期农产品产量（或种植面积）δ 表示局部调整系数。式（14）、式（15）、式（16）构成了适应性价格预期的农产品供给反应局部均衡模型——Nerlove 供给反应模型。可以用幼稚价格预期模型（Muth，1961）进行描述，表示为式（18）：

$$q_t = q(p_t,\ z_t) = q(p_{t-1},\ z_t) = \alpha p_{t-1} + z_t \tag{18}$$

2. 模型构建

本节研究目的是对苜蓿种植面积的影响因素进行分析，因此本节基于供给反应模型基本形式的基础上，将生产投入要素成本和竞争作物价格引入模型进行分析，构建苜蓿种植面积的供给反应模型。此外，由于供给反应模型中，原始变量的尺度可能存在较大差异，因此，误差项的方差也可能存在较大差异，从而违反同方差性假设。通过对变量进行对数化处理，可以使得变量的尺度相对稳定，从而更符合同方差性假设。通过对供给反应模型变量的对数化处理，得到式（19）：

$$\ln Q_t = \alpha_0 + \alpha_1 \ln p_{t-1} + \alpha_2 \ln Q_{t-1} + \alpha_3 \ln C_{t-1} + \alpha_4 \ln Z_{t-1} + v_t \quad (19)$$

其中，Q_t、Q_{t-1} 分别表示 t 年和 $t-1$ 年苜蓿草种植面积，p_{t-1} 表示上期苜蓿价格，C_{t-1} 表示生产投入成本，Z_{t-1} 表示竞争作物价格，v_t 表示随机误差项，α_0 表示常数项，α_1 为苜蓿草产品价格短期供给弹性，长期弹性为 $\alpha_1 / (1 - \alpha_2)$。

（三）数据来源与变量选取

1. 数据来源

本节使用的数据来源为国家牧草产业技术体系产业经济研究室对苜蓿生产的跟踪调研。调研区域包含河北省、内蒙古自治区、宁夏回族自治区、四川省、山西省、新疆维吾尔自治区、黑龙江省、吉林省、陕西省、山东省共 10 个省（区）。剔除无效数据后，最终得到 166 个样本，共 996 户次的面板数据。结合研究目的，选取 2015～2020 年苜蓿草种植面积、苜蓿商品草销售单价、青贮玉米销售单价、农户机械拥有量、农户受教育年限和生产要素总成本等指标进行分析。

2. 变量选取与说明

依据所构建的模型所选取的变量及变量指标描述性统计如表 12 所示。同时在参考已有研究的基础上，设置地区虚拟变量作为控制变量。从表 12 可以看出，苜蓿种植户平均苜蓿种植面积为 311.95 亩，标准差为 260.82，说明当前种植户种植面积差异较大。主要是由于各地区土地资源差异，宁夏回族自治区、山东省等连片土地较多，种植户苜蓿种植面积普遍较大；四川省等西南地区土地细碎，种植面积较小。2015～2020 年苜蓿草产品平均价格为 1.64 元/千克。生产投入成本苜蓿种植户均 433.99 千克/亩，标准差 146.98。竞争作物（青贮玉米）价格平均为 0.37 元/千克，标准差 0.05。

表 12 模型变量描述性统计

变量	单位	平均值	标准差
苜蓿种植面积	亩	311.95	260.82
苜蓿草产品价格	元/千克	1.64	0.35
苜蓿生产投入成本	千克/亩	433.99	146.98
青贮玉米价格	元/千克	0.37	0.05
地区	虚拟变量，以0，1形式纳入模型	控制	控制

资料来源：根据国家牧草产业体系产业经济岗监测数据整理所得。

（四）实证分析

1. 基准回归结果

运用普通最小二乘法对苜蓿草产品供给反应模型进行回归，结果如表13所示。回归结果显示 R^2 为0.614，表示回归模型中自变量对因变量的解释力度为61.4%。F 统计量为28.462，表示回归模型中自变量的线性组合对因变量的解释能力显著，可以拒绝模型整体解释变量为零的原假设，反映出该模型对数据拟合较好，自变量对因变量的解释力度较强。从系数的显著性来看，各变量均通过了5%的显著性水平，说明模型的回归系数非常显著。为了识别自变量之间是否存在多重共线性，本文使用方差膨胀因子（VIF）方法进行辅助回归检验，方差膨胀因子用于检查在回归分析中，独立变量是否存在高度相关性。方差膨胀因子VIF值越大，说明多重共线性问题越严重。根据回归结果可以得到VIF均值为1.02，故不存在多重共线性问题。

表 13 苜蓿种植面积供给反应模型测算结果

变量	系数	标准误差 r	t 值
Z_{t-1}	-0.541	0.627	-0.863
$\ln Q_{t-1}$	0.623 ***	0.206	3.02
$\ln C_{t-1}$	-0.271 ***	0.095	-2.86
$\ln p_{t-1}$	0.202 ***	0.021	9.78

续表

变量	系数	标准误差 r	t 值
Control	控制	控制	控制
Constant	3.167 ***	0.632	9.76
R^2	0.614	Number of obs	166
$F - test$	28.462	Prob > F	0

注：***，** 和 * 分别表示在 1%，5% 和 10% 的显著性水平上通过检验。

苜蓿草产品供给反应函数为式（20）：

$$\ln Q_t = 6.167 + 0.202 \ln p_{t-1} + 0.623 \ln Q_{t-1} - 0.271 \ln C_{t-1}$$
$$- 0.541 Z_{t-1} + control + V_t \tag{20}$$

2. 实证结果分析

从估计结果可以看出，解释变量苜蓿上期种植面积的系数为 0.623，并且在 1% 的水平上显著，说明苜蓿的种植具有一定连续性，苜蓿当期种植面积受前期种植面积的积极影响。从价格方面来看，苜蓿草产品上一期的价格系数为 0.202，并且在 1% 的水平上显著，苜蓿草产品上一期的价格对种植户当期的苜蓿种植面积有着显著的正向影响。根据上面分析结果计算得到苜蓿草产品短期价格弹性为 0.202，长期价格弹性为 0.536。由于变量均进行了对数化处理，短期苜蓿草产品价格每提升 1%，苜蓿种植面积增加 0.20%；长期苜蓿草产品价格每上涨 1%，苜蓿种植面积增加 0.54%。苜蓿草产品上一期的投入成本系数为 -0.271，并且在 1% 的显著性水平上显著，说明苜蓿草产品上一期的投入成本对当期的苜蓿种植面积有着显著的负向影响，即投入成本的增加会使苜蓿种植面积减少。竞争作物（青贮玉米）的价格参数值为负，但结果不显著，这可能是由于青贮玉米和苜蓿之间存在一定的替代关系，但是并不能完全互相替代，所以从拟合结果看，没有表现出显著的相关关系。

（五）小结

采用供给反应模型探究生产者对苜蓿草产品价格变化的反应，研究结果表明：苜蓿种植面积受上一期种植面积、苜蓿草产品市场价格和生产要素成本的显著影响。上一期种植面积每增加1%，当期种植面积会增长0.623%。从价格方面来看，苜蓿草产品上一期的价格系数为0.202并且在1%的水平上显著，苜蓿草产品短期价格弹性为0.202，长期价格弹性为0.536。即短期苜蓿草产品价格每提升1%，苜蓿草种植面积增加0.20%；长期苜蓿草产品价格每上涨1%，苜蓿草种植面积增加0.54%。上一期生产要素成本系数为-0.271，并且在1%的水平上显著，表明生产要素成本的增加会影响生产者的种植积极性，降低苜蓿种植面积。竞争作物（青贮玉米）的价格参数值为负，但结果不显著，这可能是由于青贮玉米和苜蓿之间存在一定的替代关系，但是并不能完全互相替代，所以从拟合结果看，没有表现出显著的相关关系。

五、我国苜蓿草产品供给能力预测分析

前面对我国苜蓿草产品供给能力现状及其影响因素进行了较为全面的归纳和分析。那么未来我国苜蓿草产品的供给情况如何？供给能力是否有所提升？能否保障国内苜蓿草产品的需求？对这些问题的回答需要对我国苜蓿草产品的供给能力进行预测。本部分将在已有的研究基础上，基于2010~2020年的相关数据，通过构建灰色马尔可夫修正模型，预测未来一个时期（2021~2030年）我国苜蓿草产品供给情况。

（一）预测方法选择

许多学者在研究农产品的供需预测方面，提出了较多目前常用的需求量预测方法，并在不断发展和完善之中，这些方法各有其优点和局限性。已有学者基于不同视角对这些方法进行了归纳分类，这些方法包括回归分析、时间序列非线性需求模型、灰色理论、时间序列模型和马尔可夫分析法。这些预测模型及分析方法各有不同的适用范围、前提条件及侧重点，它们在实际应用时也各有优势和局限之处。对常用的几种不同需求预测方法比较，具体如表14所示。

表 14 几种不同需求预测方法的比较

方法	特点	适用性
时间序列非线性需求模型	该模型可以捕捉到需求量变化的复杂性，但对非线性因素的选取和拟合要求较高，需要大量数据进行分析，且预测结果较为敏感，需要进行调整和修正	非线性预测
回归分析	该方法能够考虑多个自变量对因变量的影响，进行多因素分析；可以通过调整自变量的权重来进行预测和分析；但不适用于非线性关系；对数据的分布、变量之间的关系等要求较高，不适用于一些特殊情况	线性模型
时间序列模型	依赖于时间序列数据	线性模型
灰色理论	能够在小样本、缺乏信息的情况下对数据进行预测；但预测结果的可靠性和准确性受到数据质量和样本数量的限制	样本量少的灰色系统预测
马尔可夫分析法	通过计算状态间的转移概率，得出未来可能的状态及其概率分布，进而进行预测；但是需要对状态的数量和转移概率进行假设，且对初始状态的选择比较敏感等	适用于具有"马尔可夫性质"的现象预测

通过对比不同预测方法的优势和局限性可以看出，灰色预测对样本数据的要求较低，可以处理少量数据或非平稳数据，并且能够处理非线性、非稳态等问题。此外，还可以对模型进行参数优化和模型评估，提高模型的预测能力和准确度。考虑到苜蓿草产品产量受到自然环境、技术因素等诸多因素影响，具有灰色系统的特征，因此可以通过灰色预测进行分析。但是灰色预测的理论基础和应用方法相对较为复杂，且只能反映时间序列总体变化趋势，无法全面地反映苜蓿草生产受随机因素影响的波动特征，导致预测结果的可靠性和准确性受到影响。为此，引入马尔可夫理论对传统的灰色模型进行残差修正，进而提高模型预测的准确性。

1. 马尔可夫理论

马尔可夫预测的基本思路是基于马尔可夫链模型，将待预测的时间序列看作一个状态序列，然后通过历史数据来估计状态之间的转移概率，进而根据当前状态概率分布来预测未来状态和未来状态的概率分布。在马尔可夫链模型中，每个状态只依赖于其前一个状态，与其之前的所有状态无关。因此，通过历史数据来估计状态之间的转移概率可以用于预测未来状态。基于马尔可夫链模型进行预测时，需要确定状态空间和状态转移矩阵，通常使用最大似然估计等方法来估计状态转移矩阵中的参数。然后，利用当前状态的概率分布和状态转移矩阵，就可以预测未来状态的概率分布和未来状态的具体取值。用公式可表示为式（21）：

$$Y(k+1) = PY(k) \tag{21}$$

其中，$Y(k)$ 表示在时刻 k 时的状态向量，$Y(k+1)$ 表示在时刻 $k+1$ 的状态向量，P 为状态转移概率矩阵。状态转移概率矩阵的元素 p_{ij} 表示从状态 i 转移到状态 j 的概率，满足 $p_{ij} \geq 0$ 且 $\sum_{j=1}^{n} p_{ij} = 1$，其中 n 表示状态数目。利用该公式，可以通过已知的初始状态向量 $Y(0)$ 和状态转移概率矩阵 P 逐步预测出未来时刻的状态向量 $Y(1)$，$Y(2)$，$\cdots$，$Y(k+1)$。

2. GM（1，1）建模过程

GM（1，1）模型实质是对原始数据做一次累加生成，使生成的数据序列呈一定的规律，通过建立一阶微分方程模型，求得拟合曲线，用于对系统进行预测，其建模过程如下：

设原始序列为 $X^{(0)} = (x^{(0)}(1)，x^{(0)}(2)，\cdots，x^{(0)}(n))$，其中，$x^{(0)}(i) \geq 0$，$i = 1，2，\cdots，n$。做一次累加生成，得到 $X^{(1)} = (x^{(1)}(1)，x^{(1)}(2)，\cdots，x^{(1)}(n))$，其中，$x^{(1)}(k) = \sum_{i=1}^{k} x^{(0)}(i)$，$k = 1，2，\cdots，n$。

由于序列 $x^{(1)}(k)$ 具有指数增长规律，可认为该序列满足一阶微分方程模型：

$$\frac{dx^{(1)}(t)}{dt} + ax^{(1)}(t) = b \tag{22}$$

利用最小二乘法得到 $\begin{pmatrix} \hat{a} \\ \hat{b} \end{pmatrix} = (B^T B)^{-1} B^T Y_n$，式中 $Y_n = \begin{pmatrix} x^{(0)}(2) \\ x^{(0)}(3) \\ \vdots \\ x^{(0)}(n) \end{pmatrix}$，$B = $

$$\begin{pmatrix} -Z^{(1)}(2) & 1 \\ -Z^{(1)}(3) & 1 \\ \vdots & \vdots \\ -Z^{(1)}(n) & 1 \end{pmatrix}, \quad Z^{(1)}(k) = \frac{1}{2}\left[x^{(1)}(k) + x^{(1)}(k-1)\right]$$。将求得的 $\hat{a}$，$\hat{b}$

代入式（22）中，解微分方程，并写成离散形式，得到：

$$\hat{x}^{(1)}(k+1) = \left(x^{(0)}(1) - \frac{\hat{b}}{\hat{a}}\right)e^{-\hat{a}k} + \frac{\hat{b}}{\hat{a}}, \quad (k=0,1,\cdots,n-1) \quad (23)$$

对此作累减还原，得到原始序列的预测模型：

$$\begin{aligned} \hat{x}^{(0)}(k+1) &= \hat{x}^{(1)}(k+1) - \hat{x}^{(1)}(k) \\ &= (1-e^{\hat{a}})\left(x^{(0)}(1) - \frac{\hat{b}}{\hat{a}}\right)e^{-\hat{a}k}, \quad (k=1,2,\cdots,n) \end{aligned} \quad (24)$$

3. 灰色马尔可夫修正模型

灰色 GM（1,1）模型在实际中有比较广泛的应用，但是它的预测精度仍然不够理想，为此，基于马尔可夫理论，我们对原始序列利用残差进行修正，并利用状态转移矩阵和初始状态向量判断残差预测值在 $k>n$ 时的符号，进而提高预测精度。令残差绝对值 $\varepsilon^{(0)}(k) = \left|x^{(0)}(k) - \hat{x}^{(0)}(k)\right|$，$k=1,2,\cdots,n$，利用 GM（1,1）建模原理，可以建立关于 $\varepsilon^{(0)}(k)$ 的灰色预测模型，预测残差序列为式（25）：

$$\hat{\varepsilon}^{(0)}(k+1) = (1-e^{a_\varepsilon})\left(\varepsilon^{(0)}(1) - \frac{b_\varepsilon}{a_\varepsilon}\right)e^{-a_\varepsilon k}, \quad (k=1,2,\cdots,n) \quad (25)$$

将式（24）、式（25）结合，得到灰色马尔可夫修正预测模型为：

$$\begin{aligned} \hat{y}^{(0)}(k+1) &= (1-e^{\hat{a}})\left(x^{(0)}(1) - \frac{\hat{b}}{\hat{a}}\right)e^{-\hat{a}k} \\ &\quad + \sigma(k+1)\hat{\varepsilon}^{(0)}(k+1), \quad (k=1,2,\cdots,n) \end{aligned} \quad (26)$$

其中，$\sigma(k) = \begin{cases} 1, & x^{(0)}(k) - \hat{x}^{(0)}(k) \geqslant 0 \\ -1, & x^{(0)}(k) - \hat{x}^{(0)}(k) < 0 \end{cases}$，当 $k>n$ 时，利用马尔可夫理论判断 $\sigma(k)$ 的符号，定义 $\sigma(k) = 1$ 时为状态 S_1，$\sigma(k) = -1$ 时为状态 S_2，这样，就可以得到从状态 S_i 转移到状态 S_j 的一步转移矩阵 $P_1 = \begin{pmatrix} p_{11} & p_{12} \\ p_{21} & p_{22} \end{pmatrix}$，$p_{ij} = \frac{N_{ij}}{N_i}$，$(i,j=1,2)$。

定义初始状态 $S^{(0)} = (s_1^{(0)}, s_2^{(0)})$，通过 n' 次转移后的状态值 $S^{(n')} = S^{(0)} \cdot P_1^{n'}$，这里 $S^{(n')} = (s_1^{(n')}, s_2^{(n')})$，则 $\sigma(n+n') = \begin{cases} 1, & s_1^{(n')} > s_2^{(n')} \\ -1, & s_1^{(n')} < s_2^{(n')} \end{cases}$，$n' \geqslant 1$。

（二）我国苜蓿草产品供给量的修正预测模型

1. 灰色马尔可夫修正模型的精度检验

基于 2015～2020 年苜蓿商品草产量数据，通过灰色模型计算出灰色预测值，通过马尔可夫残差修正模型计算出马尔可夫修正值，结果详见表15。

表15　　　　　　　　　　2015～2020 年苜蓿商品草产量预测结果

| 年份 | GM（1，1）模型 | | | | 残差预测 | 灰色马尔可夫模型 | | |
	实际产量（万吨）	预测值（万吨）	残差	相对误差（%）		预测值（万吨）	残差	相对误差（%）
2015	368.51	368.51	0.00	0.00	0.00	368.51	0.00	0.00
2016	379.84	360.31	19.53	5.14	-6.69	367.00	12.84	3.38
2017	359.00	367.85	-8.85	2.46	-2.47	370.32	-11.32	3.15
2018	334.00	384.38	-50.38	15.08	26.23	358.15	-24.15	7.23
2019	384.00	363.92	20.08	5.23	-9.08	373.00	11.00	2.86
2020	387.00	363.46	1.62	0.44	5.15	380.24	6.76	1.75

资料来源：根据模型运行结果整理所得。

根据上述结果可以看出，通过 GM（1，1）模型进行计算的预测值与实际产量数据有一定的误差，平均相对误差为 5.67%，反映出单纯利用 GM（1，1）模型进行预测的结果准确性有所欠缺。经过马尔可夫残差修正后的预测值与实际产量的相对误差明显下降，平均相对误差为 3.06%，此结果达到了二级合格标准。反映出灰色马尔可夫残差修正模型在预测我国苜蓿商品草产量的应用中准确性和可靠性更好，适用于本部分的分析。

2. 苜蓿草产品产量预测

通过上述模型预测精度检验，可以看出灰色马尔可夫修正模型具有较好的预测精度，能够应用于苜蓿草产品产量的预测，利用灰色马尔可夫修正模型对 2021~2030 年我国苜蓿草产量预测的结果，如表 16 所示。

表 16   2021~2030 年苜蓿商品草产量预测结果

年份	灰色预测值	残差预测值	马尔可夫修正值
2021	385.36	6.3	391.66
2022	391.28	4.2	395.48
2023	397.24	−9.5	387.74
2024	403.24	−5.3	397.94
2025	409.28	−1.12	408.16
2026	415.35	−9.8	405.55
2027	421.47	−11.5	409.97
2028	427.62	−9.7	417.92
2029	429.40	−1.8	427.60
2030	419.81	1.95	421.76

资料来源：根据模型运行结果整理所得。

（三）预测结果分析

由上面的预测结果可以看出，2021~2030 年预测值中，供给量的变化幅度并不是很大。苜蓿供给变化较小可能和以下情况紧密相关：第一，受到降水和自然条件限制。苜蓿生长需要适宜的自然环境条件，包括温度、光照、湿度和土壤等因素。我国部分地区土地的自然环境条件较差，气温较低，年降水量较少，尤其是中西部地区的生态环境十分脆弱，对苜蓿生长和产量都有着重要影响，可能导致苜蓿供给的变化较小。第二，我国是一个耕地资源相对匮乏的国家，耕地面积有限。同时，随着城镇化进程不断加速，一些耕地面积正在不断减少。在这种情况下，可开发的后备土地资源也相对较少，尤其是一些西部地区，由于地理环境和自然条件的限制，很难扩大耕地面积。此外，许多地区的耕地耕作条件较差，如土地肥力不足、土层过薄、水热条件不良等，也限制了苜蓿草产品供给提升空间。许多地区耕地耕作条件较差，限制了苜蓿草产品供给提升空间。第三，种植户管理粗放。我国苜蓿产业起步晚，发展慢，种植户尚未形成精细化种植管理的观念。许多种植户缺乏现代化的种植技术和管理经验，种植过程中存在着一定的管理漏洞和缺陷，对苜蓿草的生长和发展产生了不利影响，也限制了苜蓿草产品供给的提升空间。需要加强苜蓿种植技术的研究和推广，引导农民转变种植观念，实现农业生产的精细化管理，提高苜蓿草的种植效率和品质。

预测结果再次证明我国苜蓿草产品供给能力亟待提升。随着我国奶类市场的不断扩大和人们对健康生活方式的追求，奶制品的消费需求也在不断增长。同时，规模化养殖已经成为我国奶牛养殖的主要形式，这意味着对于优质饲料的需求将越来越大。然而，我国目前苜蓿草产品供给能力较低，难以满足这一需求。根据中国农业科学院信息所发布的《2021—2030年中国奶制品市场展望报告》，预计到 2025 年我国奶类产量将达到 3989 万吨，年均增长 2.3%，100 头以上奶牛规模养殖比重将达到 75.0% 左右（励汀郁，2022）。这些数据表明，未来我国奶制品市场的需求将继续增长，而规模化养殖将成为奶牛养殖的主流。苜蓿草是奶牛饲料中非常重要的组成部分，它含有丰富的蛋白质和营养物质，可以提高奶牛的产奶量和品质。根据卢欣石（2021）的研究，2020 年我国规模化奶牛养殖场消费优质商品苜蓿干草 250 万吨，预计到 2025 年我国规模化奶牛养殖场对优质商品苜蓿干草的需求量将达到 290 万吨，年均增速 3.0%。这表明，在未来五年中，优质苜蓿草产品的需求将继续增长，供给缺口也将进一步扩大。然而，当前我国苜蓿草产业仍存在诸多问题。首先，可供苜蓿草种植的耕地面积较少，而且不少土地的环境条件较差。其次，种植户的管理粗放，种植技术和管理水平较低，种植效益和品质较难保证。最后，苜蓿草的加工和储存技术不够成熟，产品的保鲜度和品质难以保证，影响了苜蓿草产品的市场竞争力。在这种情况下，探讨在资源约束的条件下，我国苜蓿草产品供给保障能力提升的措施显得尤为重要。根据前文的分析，可以从苜蓿单产和种植面积两方面入手，改善我国苜蓿草产品的供给能力。

（四）小结

在传统 GM（1，1）模型的基础上，利用马尔可夫理论进行残差修正，提高预测模型的准确性和可靠性，对我国苜蓿商品草产量进行了预测，预测结果显示：2030 年苜蓿草产品产量可达 421.76 万吨，2021 ~ 2030 年我国苜蓿草产品供给量的变化幅度并不大。可能有三点原因：第一，受到降水和自然条件限制。土地的自然环境条件较差，气温较低，年降水量较少，尤其是中西部地区的生态环境十分脆弱。第二，国内耕地面积有限，可开发的后备土地资源较少，许多地区耕地耕作条件较差，限制了苜蓿草产品供给提升空间。第三，种植户管理粗放。我国苜蓿产业起步晚，发展慢，尚未形成精细化种植管理的观念。在这种情况下，需要探讨在资源约束的条件下，我国苜蓿草产品供给保障能力提升的措施。可以通过提高技术研究和推广力度，调控苜蓿草产品价格等方面入手，提升我国苜蓿单产水平，扩大苜蓿种植面积，进而改善我国苜蓿草产品供给能力。

六、结论与对策建议

（一）研究结论

本文在梳理分析苜蓿草产品影响机理的前提下，基于国家牧草产业技术体系对苜蓿生产的一手跟踪调研数据，对我国苜蓿草产品供给能力的影响因素展开了实证分析；运用超越对数随机前沿模型测算我国苜蓿产业科技进步贡献率，以此来反映现代技术因素对苜蓿供给能力的影响；采用供给反应模型探究生产者对苜蓿草产品价格变化的反应，得出以下主要结论：

第一，当前我国苜蓿产业面临着高产优质草种短缺、生产加工能力弱、经营管理粗放、政策扶持力度不足、技术推广滞后的困境。苜蓿草产品市场供需缺口日益扩大，苜蓿供给明显不足，严重影响了我国苜蓿产业和草食畜牧业的进一步发展。

第二，现代技术因素是影响我国苜蓿草产品单产水平的重要因素。2015～2020年我国苜蓿产业技术效率均值为0.8751，科技进步贡献率为52.50%。技术进步在苜蓿产出增长中所占比重已超过一半，说明技术进步已成为支撑我国苜蓿产业持续增长的核心动力。机械化水平、生产者受教育程度、气象灾害冲击等是影响苜蓿生产技术效率损失的重要因素。

第三，苜蓿种植面积受上一期种植面积、苜蓿草产品市场价格和生产要素成本的显著影响。上一期种植面积每增加1%，当期种植面积会增长0.623%。从价格方面来看，苜蓿草产品上一期的价格系数为0.202，并且在1%的水平上显著，苜蓿草产品短期价格弹性为0.202，长期价格弹性为0.536。即短期苜蓿草产品价格每提升1%，苜蓿草种植面积增加0.20%；长期苜蓿草产品价格每上涨1%，苜蓿草种植面积增加0.54%。上一期的生产要素成本系数为-0.271，并且在1%的水平上显著，表明生产要素成本的增加会影响生产者的种植积极性，降低苜蓿种植面积。竞争作物（青贮玉米）的价格参数值为负，但结果不显著，这可能是由于青贮玉米和苜蓿之间存在一定的替代关系，但是并不能完全互相替代，所以从拟合结果看，没有表现出显著的相关关系。

第四，基于马尔可夫理论对传统的灰色模型进行残差修正，并用修正模型对我国苜蓿商品草产量进行更准确的预测，预计2030年苜蓿草产品产量可达421.76万吨，2021～2030年我国苜蓿草产品供给量的变化幅度并不大。可能是由于：首先，受到降水和自然条件限制。土地的自然环境条件较差，气温较低，年降水量较少，尤其是中西部地区的生态环境十分脆弱。其次，国内耕地面积有限，可开发的后备土地资源较少，许多地区耕地耕作条件较差，限制了苜蓿草产品供给提升空间。最后，种植户管理粗放。我国苜蓿产业起步晚，发展慢，形成精细化种植管理的观念比较晚。因此，改善我国苜蓿草产品供给能力可行方式可以从提升技术效率和价格调控入手。

（二）对策建议

我国苜蓿产业面对"总量不足，质量不高"的双重桎梏，保障苜蓿草产品的国内供给必须从提高供给数量和提升供给质量出发，进行多角度、多层次的考量，多管齐下、统筹兼顾建立健全保障体系。基于本文结论，在考虑我国苜蓿草产品生产实践的基础上，从以下三个方面提出保障我国苜蓿草产品有效供给的政策建议。

1. 科技支撑苜蓿发展，推动产业提质增量

农业现代化关键在科技进步和创新，我国苜蓿产业发展既受到人多地少基本国情的刚性制约，也受到牧草料生产"不与人争粮、不与粮争地"的政策约束，在这样的背景下，面对下一阶段苜蓿产业数量与质量双重增长的目标，苜蓿产业高质量发展更需要依靠科技进步，提升苜蓿产业的科技水平成为必然选择。

（1）苜蓿良种研发与品种选育是未来苜蓿产业科技进步的重点攻关领域。苜蓿种源不足、优良品种缺乏，已成为苜蓿产业发展的突出问题。由于受土地成本高、机械化水平低、科研投入少等因素制约，国内苜蓿制种价格较国外普遍偏高，并且在丰产性能上不如进口种子。目前我国苜蓿用种量的80%依赖进口，但是我国幅员辽阔，地形与气候条件复杂，进口种子并不适宜在所有区域推广种植（金京波等，2021）。种业"卡脖子"是苜蓿产业发展必须要突破的难题，要重点推进苜蓿国产品种的研发和规模化繁育水平。加强科研机构和龙头企业的建设，推动科技服务部门和龙头企业合作创新，开展苜蓿产业技术成果集成示范，培育出更多适宜我国本土生长的抗逆、抗盐碱、丰产的苜蓿良种。以政、产、学、研、用一体化的方式推动产业发展，协同打赢苜蓿种源翻身仗（许单云等，2022）。接下来一个时期，提升苜蓿品种单产水平、完善商业化育种体系，提升种业核心科技自主创新能力必然是主要发展方向。

（2）研发适宜不同区域的国产机械、增强国产机械实力是未来苜蓿产业科技进步的重要环节。苜蓿生产中的关键机械问题在于收割和打捆。牧草收割和打捆机械设备的质量会直接影响到草产品品质和下一茬草的生

产。目前种植收获苜蓿使用的大型机械多依赖国外进口，虽然国产机械价格上具有明显优势，但相较国外机械存在不耐用、易损坏、实际作业效率低等问题，实际生产中，种植者一般不选用国产机械。这些问题都是当前限制我国苜蓿产业进一步发展的突出问题，只有在这些方面有所突破，才能如期实现"十四五"时期我国牧草产业的发展目标。要加快农机装备补短板，提升农机装备研发应用水平。建议加大专业化农机科研的投入力度，打造一批高效稳定的国产牧草生产机械设备，设计适用于我国山地形的小型刈割机械；提升苜蓿生产加工技术，增强机械创新研发；加快适宜机械的研发速度，提升国产机械的竞争力是苜蓿产业可持续发展的必由之路。

（3）提高苜蓿机械化水平，健全机械配套支撑体系。根据前面的分析，机械化水平与苜蓿生产技术效率呈现出正相关。由于苜蓿收获加工的时间窗口较窄，在短时间内完成收储加工等环节，需要借助大量机械劳动才能完成。当前我国苜蓿生产机械化率较低，收割打捆设备数量不足，许多种植者只能排队等待。苜蓿生产只有在一定的规模化和机械化生产条件下，才能取得较好的生产收益。机械化和规模化水平较低，生产成本高，生产方式粗放，牧草生产的数量、质量和产品供应的稳定性都难以保证。苜蓿草产品种类多样，如苜蓿草捆、苜蓿团粉、苜蓿颗粒、烘干苜蓿、脱水苜蓿等。以奶牛为主的规模化养殖场对苜蓿产品的品质要求较高，而国内生产出的商品苜蓿在粗灰分、粗蛋白含量、杂类草含量等指标上与美国、西班牙进口商品苜蓿尚有一定差距。参考苜蓿产业较发达国家的经验，苜蓿生产机械化率达到65%以上，将有效促进我国苜蓿产业的快速发展。建议通过财政补贴等形式，将更多苜蓿生产专业化机械纳入补贴范围当中；开展多渠道送技术下乡的活动，提高农户参与农机技术培训的积极性；提升适宜国内不同区域的苜蓿播种、收获机械化配套水平。

（4）提升苜蓿生产者素质，强化科技培训推广力度。提升苜蓿生产技术效率，一方面要提高生产者素质，另一方面也要避免技术进步与生产实际之间的脱节。未来重点就地培育一批会种草、懂技术、善经营的新型职业农民，更好地接纳新技术，传播新理念，进而推动牧草产业专业化、标准化发展，降低生产成本，提高生产效率，增强苜蓿产业竞争力。乡镇农技站是基层干部和农民了解农业新技术、获取新知识的主渠道。美国早在 20 世纪 70 年代，州级推广人员 91% 拥有硕士以上学位；县级推广人员 44.6% 拥有硕士以上学位（郭艳玲，2006）。我国长期以来，由于基层工作环境艰苦、工资待遇不高、本职工作旁移等原因，乡镇农技人员流失严重，早已陷入"网破、线断、人散"的窘境，一些成功的科研成果不能得到及时推广应用，重建基层农技推广队伍已刻不容缓。建议加强乡镇农业技术推广站技术推广力度，推进专业化服务组织的发展，扩大基层农业技术推广队伍；吸纳更多的优秀青年人才，提高对现有农业技术推广人员的福利待遇，保障农技推广人员的工资和必要的工作经费；定期组织专业技术培训，更新推广服务知识技能；建立基层公益性农业技术推广组织，加强对社会化服务组织的技术指导与培训，提升苜蓿生产者技术应用水平。

2. 多渠道增加苜蓿种植面积，保障苜蓿草产品有效供给

苜蓿种植面积是影响苜蓿草产品供给的最直接原因，而我国苜蓿产业发展既受到人多地少基本国情的刚性制约，也受到牧草生产"不与人争粮、不与粮争地"的政策约束。可通过以下几方面扩大苜蓿种植面积。

（1）深挖"降本增效"潜能，稳定苜蓿草产品价格。根据前面的测算分析，苜蓿种植面积会受到上一期的苜蓿草产品价格和生产要素成本因素的显著影响。苜蓿价格过低会影响生产者的种植积极性，苜蓿价格大幅上涨会影响奶牛等产业的生产成本，苜蓿草产品供需异常带来的价格异常波动问题会对草食畜牧业的成本造成直接影响。因此，首先要充分发挥市场在配置资源中的决定性作用，但在自然灾害、公共卫生事件等突发重大事件引发苜蓿草产品价格大幅波动时，要更好地发挥政府作用，综合运用一系列调控手段促进苜蓿产品价格稳定。当前我国苜蓿产业发展方式粗放，种植成本上涨过快，严重影响苜蓿草产品效益和竞争力。推进农业供给侧结构性改革，要高度重视降成本、补短板。降成本提升苜蓿草产品供给能力，稳定苜蓿种植效益和竞争力方面起到基础作用。降本增效的主要方向是提升要素质量、优化投入结构、推动技术进步等。

（2）推广苜蓿草产品分级标准，实现优质优价。苜蓿草产品品质会影响到苜蓿种植效益，不同等级苜蓿干草间价格差距明显。苜蓿干草质量依据粗蛋白质含量、纤维素含量、灰分等指标可分为五个等级。奶牛场需要一级以上的优质干草，二级及以下的苜蓿干草，只能卖给肉牛、肉羊养殖场，还有一部分制成鱼饲料、兔饲料。目前国产苜蓿草产品仍以中低端产品为主，国内生产的苜蓿商品草仅有30%左右用于奶牛养殖，很多奶牛养殖场依赖进口优质苜蓿，优质商品苜蓿干草进口占比达54%。提升国产苜蓿草产品质量，需推行优质优价机制，而要实现优质优价，关键在于分级标准的执行。苜蓿草产品分级标准的科学制定，使得苜蓿商品草可以更客观地以质量来定价，引导种植户提升生产水平，供给更多优质苜蓿草产品，让国产优质苜蓿获得更好的市场回报，从而提升农户种植意愿。

（3）充分利用边际土地，推广多种种植模式。粮食安全是关系国运民生的压舱石，是维护国家安全的重要基础（李雪，2021），确保口粮绝对安全必须要确保耕地面积稳定。我国苜蓿产业发展既受到人多地少基本国情的刚性制约，也受到牧草料生产"不与人争粮、不与粮争地"的政策约束。在此前提下，应当对农闲田、荒山、荒坡等土地资源进行合理开发利用，允许生产者充分利用闲置土地发展牧草产业，提高土地资源利用率，缓解"草粮争地"的矛盾。边际土地保障苜蓿草产品供应的潜力巨大，开发利用盐碱地、山坡地、河滩地、贫瘠土地等边际土地发展苜蓿产业，多渠道扩大苜蓿种植面积，支持苜蓿产业发展，保障优质肉蛋奶供应安全。我国约有15亿亩盐碱地，其中具有农业开发潜力的盐碱地有5.5亿亩。据测算，1 800万亩的黄河三角洲病害盐碱区如种植耐盐碱苜蓿，保守估计年产近500万吨。同时，测算了3种不同轮作制度下，即相当于每年利用17%、20%、25%的中低产田发展人工牧草，每年分别可以生产肉2 900万吨、3 500万吨和4 400万吨（高树琴，2020）。推广兼作、轮作、混作、套作等多种种植模式，增加苜蓿的种植面积。如在冬小麦—夏玉米产区推广苜蓿套种青贮玉米技术；在东北、黄土高原和南方草山推广高产混播技术。通过草—粮轮作不仅可以显著提高单位土地面积的干物质产量，而且具有提高土壤肥力、减少病虫害、改善土壤物理性质、降低含盐量等改良中低产田的作用。

（4）探索产业集群建设，合理发展种草养畜模式。《"十四五"全国饲草产业发展规划》是针对全国牧草产业发展的第一个专项规划，提出了"十四五"时期我国牧草产业发展的一系列目标，明确指出要推进西北、华北、东北和部分中原地区苜蓿产业带建设，建成一批优质高产苜蓿商品草基地，逐步实现优质苜蓿就近供应，保障规模化奶牛养殖场的苜蓿需求。产业集群化是我国苜蓿产业未来发展的主要方向，产业布局逐步得到优化的同时，产业集群又强化了草畜产业耦合。此外，环保措施要精准发力，在保护生态环境的同时，要保障畜牧业和牧草产业的发展空间，科学规划产业布局，对禁养区、限养区和保护区的划定应当以草食畜禽生产区划和牧草品种种植区划为基础，统筹考虑水资源、土地资源、光热资源和生物物种资源等情况，在兼顾人口文化、传统习惯和养殖历史等因素的前提下进行划分。牧草产业和草食畜牧业发展同步规划，合理发展种草养畜模式，走"种养结合、高效循环"的草畜一体化道路。

3. 坚持"立草为业"发展思路，加大政策支持力度

当前我国苜蓿产业仍属于弱质性产业，不能单纯依靠市场这双"无形的手"自发调节，需要政策的保护和支持。要缓解或解决苜蓿草产品供需失衡问题，可从以下几个方面着手。

（1）做好气候灾害预警工作，增强苜蓿产业抗风险能力。我国幅员辽阔，气候类型复杂多样，自然条件对农业生产有极大的影响。近年来，我国部分地区气象灾害频发，如山东省、河北省等地 2019 年、2020 年降水频繁、水涝严重，气候灾害对农业生产的危害程度也在增加。农业气象服务对保障农业稳产增收的作用逐渐受到重视。2022 年《中共中央 国务院关于做好 2022 年全面推进乡村振兴重点工作的意见》明确指出要强化农业农村气象灾害监测预警体系建设，增强极端天气应对能力。对于苜蓿产业而言，气候灾害尤其是旱涝灾害，对生产和收获的影响较大。建议加大防灾减灾的投入力度，提高气候灾害预警能力；完善农业气象服务体系，改善苜蓿生产条件；增加气候灾害的保险供给，保障种植户收入，提升苜蓿产业抗风险的能力。

（2）坚持"立草为业"发展思路，加大政策支持力度。2015年中央一号文件《中共中央 国务院关于加大改革创新力度加快农业现代化建设的若干意见》明确提出要加快发展草牧业，此后，2021年中央一号文件《中共中央 国务院关于全面推进乡村振兴加快农业农村现代化的意见》明确提出要鼓励发展青贮玉米等优质牧草饲料，2022年中央一号文件《中共中央 国务院关于做好2022年全面推进乡村振兴重点工作的意见》再次明确指出耕地主要用于粮食和棉、油、糖、蔬菜等农产品及牧草饲料生产。各级政府和从业者都提高了对牧草产业重要性的认识，但在具体政策支持上，目前主要集中在草原保护建设、粪污资源化利用等方面，直接支持牧草产业发展的政策较少。结合苜蓿收储窗口期窄，加工企业实力薄弱的实际情况，建议探索实施优质苜蓿收储加工补贴政策，科学制定补贴标准和范围，引导苜蓿产业优质高效发展。此外，建议继续实施"振兴奶业苜蓿发展行动""粮改饲"项目，并结合连片草地少、规模较小地区的实际情况，对项目实施标准进行优化，扩大受益范围，增强示范效应。同时建议出台金融保险相关配套政策，设立风险基金，制定风险管理制度，对诚信企业和个人给予担保，提高企业和农户的借贷能力；完善道路运输支持政策，将牧草运输纳入农产品绿色通道范围等（王玉庭，2019），多方位解决牧草产业发展难题，优先发展牧草产业，解决草食畜牧业"无草可食"的困境。需要看到的是，要如期实现既定发展目标，当前所面临的挑战依然十分严峻，需要付出诸多努力，各级政府应当出台更多积极的政策，充分调动牧草生产积极性。

（3）加快人工苜蓿地碳汇价值评估，早日纳入碳交易市场。在碳达峰、碳中和纳入生态文明建设整体布局的大背景下，推动经济高质量发展，必须坚持生态优先的地位。2021年7月16日我国碳市场正式启动上线交易，是目前全球覆盖温室气体排放量规模最大的碳市场；2022年5月5日全国首个农业碳汇交易平台在福建厦门落地；2022年7月甘肃开展人工草地固碳能力及碳汇价值评估。苜蓿作为多年生牧草，较一年生作物具有更好的碳汇能力。过去草产品进入传统市场后，只能体现牧草的经济价值，无法完全表达其碳汇在应对气候变化等方面的生态价值。农业碳汇交易平台能够充分反映边际减排成本和外部成本，故而依靠农业碳汇交易平台的价格发现功能，有助于弥补草产品在传统市场上的收益不足，使得苜蓿种植者既能够在传统市场上"卖苜蓿"，又能够在农业碳汇交易平台"卖空气"，获得两份收入。研究结果表明，3～5年生苜蓿草地，地上生物固碳能力最强，平均可达到5 807.85千克/公顷·年，地下生物固碳平均为100.59克/平方米·年，土壤层固碳平均为12.72千克/平方米·年，年固碳量平均合计为13.4千克/平方米·年，土壤层固碳占到总碳汇量的92.38%（陈儒，2017；李文静，2013）。加快推进人工草地固碳能力及碳汇价值评估，早日将种植苜蓿过程中所消纳的碳纳入农业碳汇交易平台。苜蓿生产者除了收获地上全株营养体的价值以外，对于环境的价值也得到了量化，还可以获得额外的收益，提升种植苜蓿的比较效益，带动农户种植积极性。

参 考 文 献

[1] 董恒敏，李柏洲. 产学研协同创新驱动模式——基于河南驼人集团的案例研究 [J]. 科技进步与对策，2015，32（5）：20-25.

[2] 冯丽娜. 最低收购价对粮食种植面积的影响分析 [D]. 天津：天津财经大学，2018.

[3] 高海秀，王明利，石自忠，倪印锋. 中国牧草产业发展的历史演进、现实约束与战略选择 [J]. 农业经济问题，2019（5）：121-129.

[4] 郭庆旺，贾俊雪. 中国全要素生产率的估算：1979-2004 [J]. 经济研究，2015（6）：51-60.

[5] 郭艳玲. 乌兰察布市草业科技推广工作初探 [J]. 内蒙古草业，2006（3）：28-30.

[6] 韩红梅，王礼力. 农户扩大小麦种植面积意愿影响因素分析 [J]. 统计与决策，2012（23）：94-97.

[7] 韩振兴，常向阳. 劳动力成本上升、主产区优势与中国大豆种植面积变化——基于1991-2019年的省级面板数据 [J]. 农业现代化研究，2022，43（2）：296-305.

[8] 侯向阳. 充分重视农牧户在苜蓿产业发展中的作用和利益 [J]. 草业科学，2011，28（1）：4-9.

[9] 金京波，王台，程佑发，王雷，张景昱，景海春，种康. 我国牧草育种现状

与展望［J］.中国科学院院刊，2021，36（6）：660－665.

　　［10］金娟.牧草机械化黄金期来临产业链受考验［N］.中国农机化导报，2021－08－23（5）.

　　［11］亢霞，刘秀梅.我国粮食生产的技术效率分析——基于随机前沿分析方法［J］.中国农村观察，2005（4）：25－32.

　　［12］李栋.中国奶牛养殖模式及其效率研究［D］.北京：中国农业科学院，2013.

　　［13］李谷成.技术效率、技术进步与中国农业生产率增长［J］.经济评论，2009（1）：60－68.

　　［14］李佳晓，王明利.基于灰色系统理论的我国牧草供给预测［J］.农业经济问题，2010：162－167.

　　［15］李清忠.紫花苜蓿的饲用价值与病虫害防治［J］.江西饲料，2013（5）：39－40.

　　［16］李志强.我国畜牧业现状及发展趋势［J］.中国畜牧兽医，2002，29（3）：11－13.

　　［17］励汀郁，熊慧，王明利.“双碳”目标下我国奶牛产业如何发展——基于全产业链视角的奶业碳排放研究［J］.农业经济问题，2022（2）：17－29.

　　［18］刘光岭，卢宁.全要素生产率的测算与分解：研究述评［J］.经济学动态，2008（10）：79－82.

　　［19］刘晶.机械化收割对苜蓿产量和品质的影响［J］.畜牧与兽医，2020，7（8）：14－15.

　　［20］刘俊杰.我国粮食价格波动研究——以小麦为例［D］.南京：南京农业大学，2011.

　　［21］刘玲利，李建华.基于随机前沿分析的我国区域研发资源配置效率实证研究［J］.科学学与科学技术管理，2007（12）：39－44.

　　［22］刘晓龙.河南省有机蔬菜供给的影响因素研究［D］.荆州：长江大学，2021.

　　［23］刘亚钊.国外苜蓿生产现状及启示［J］.中国草地，2011（2）：1－5.

　　［24］刘玉凤，王明利，石自忠，王宏宇.我国苜蓿产业技术效率及科技进步贡献分析［J］.草业科学，2014，31（10）：1990－1997.

　　［25］卢欣石.苜蓿饲草产业发展的质与量问题［J］.中国乳业，2021（8）：9－12.

　　［26］吕月.农户选择种植饲草的行为及影响因素研究［D］.呼和浩特：内蒙古

农业大学，2022.

　　[27] 毛喜玲，殷淑燕，刘海红. 1960 - 2020 年华北地区玉米单产对气候变化的响应 [J]. 干旱区资源与环境，2022，36（10）：193 - 200.

　　[28] 乔辉. 花生种植户生产决策行为对价格的反应研究 [D]. 南京：南京农业大学，2017.

　　[29] 邵飞，陆迁. 基于 Nerlove 模型的中国不同区域玉米供给反应研究 [J]. 经济问题，2011（7）：73 - 76.

　　[30] 石自忠，王明利. 苜蓿与竞争农作物投入产出的比较 [J]. 草业科学，2013，30（8）：1259 - 1265.

　　[31] 石自忠，王明利. 我国苜蓿生产技术效率测度：2011 - 2017 年 [J]. 中国草地学报，2019，41（3）：100 - 106.

　　[32] 石自忠，王明利. 中国牧草产业政策：演变历程与未来展望 [J]. 中国草地学报，2021，43（2）：107 - 114.

　　[33] 石自忠，王明利，崔姹. 我国肉牛养殖成本收益与要素弹性分析 [J]. 中国畜牧杂志，2016，52（16）：54 - 61.

　　[34] 石自忠，王明利，胡向东，崔姹. 我国肉牛养殖效率及影响因素分析 [J]. 中国农业科技导报，2017，19（2）：1 - 8.

　　[35] 涂正革，肖耿. 中国的工业生产力革命——用随机前沿生产模型对中国大中型工业企业全要素生产率增长的分解及分析 [J]. 经济研究，2005（3）：4 - 15.

　　[36] 王丽佳. 民勤县苜蓿生产效率的 DEA - Tobit 模型分析 [J]. 草业科学，2017，34（2）：407 - 414.

　　[37] 王玲. 苜蓿不同喂量对奶牛产奶量及品质的影响研究 [J]. 中国牛业科学，2018，44（3）：20 - 23.

　　[38] 王明利. 推动苜蓿产业发展全面提升我国奶业 [J]. 农业经济问题，2010，31（5）：22 - 26 + 110.

　　[39] 王明利. 改革开放四十年我国畜牧业发展：成就、经验及未来趋势 [J]. 农业经济问题，2018（8）：60 - 70.

　　[40] 王铁凝，祁春节. 中国入世 20 年来保障重要农产品有效供给：研究进展与展望 [J]. 世界农业，2022（8）：5 - 16.

　　[41] 王文信，张鹏程，王昆娥，李晓晖，郝雪梅. 中国黄淮海地区苜蓿供给反应模型研究 [J]. 草业学报，2015，24（2）：106 - 114.

　　[42] 王文信，张志虹，孙乾晋. 农户苜蓿种植的规模效率分析——基于河北省

黄骅市的实证分析 [J].中国农业大学学报（社会科学版），2016，33（3）：42 – 49.

[43] 王熙遥.中国苜蓿市场供给和需求关系研究 [D].呼和浩特：内蒙古大学，2017.

[44] 王亚伟，韩珂.河南省粮食单产变化趋势及影响因素分析 [J].干旱地区农业研究，2012，30（4）：242 – 247.

[45] 王茭，郭碧銮.全要素生产率测算方法解析 [J].上海商学院学报，2010，11（5）：85 – 91.

[46] 吴珍彩.化肥价格波动对粮食生产的影响研究——基于化肥减量使用背景下的分析 [J].价格理论与实践，2021（6）：102 – 105 + 166.

[47] 武延琴，白贺兰，林慧龙.甘肃省草产业生产效率实证研究 [J].干旱区资源与环境，2021，35（9）：143 – 150.

[48] 咸锐琦.呼伦贝尔市农户玉米种植面积调整影响因素研究 [D].呼和浩特：内蒙古农业大学，2021.

[49] 谢华玲，杨艳萍，董瑜，王台.苜蓿国际发展态势分析 [J].植物学报，2021，56（6）：740 – 750.

[50] 徐静.我国生鲜农产品有效供给保障研究 [D].镇江：江苏大学，2016.

[51] 许单云，宁攸凉，谢和生，何友均.发达国家草原生态补偿的国际经验与启示 [J].中国农业资源与区划，2022，43（12）：46 – 56.

[52] 许佳彬，王洋.农业生产性服务对玉米生产技术效率的影响研究——基于微观数据的实证分析 [J].中国农业资源与区划，2021，42（7）：27 – 36.

[53] 杨春，王明利.草原生态保护补奖政策下牧区肉牛养殖生产率增长及收敛性分析 [J].农业技术经济，2019（3）：96 – 105.

[54] 杨春，王明利，刘亚钊.中国的苜蓿草贸易——历史变迁、未来趋势与对策建议 [J].草业科学，2011，28（9）：1711 – 1717.

[55] 杨坤.“粮改饲”背景下农户饲草种植意愿和效益分析 [D].兰州：兰州大学，2021.

[56] 杨义武，林万龙，张莉琴.农业技术进步、技术效率与粮食生产——来自中国省级面板数据的经验分析 [J].农业技术经济，2017（5）：46 – 56.

[57] 翟涛，罗冲，马宏声.中国粮食供给保障格局时空演变分析 [J].安徽农业科学，2022，50（6）：203 – 207 + 221.

[58] 张贝倍.稻谷价格对不同规模农户生产决策的影响 [D].南京：南京农业大学，2020.

[59] 张开智，姜红花，柳平增，张艳. 基于 GM（1，N）模型的生姜种植面积预测 [J]. 中国农机化学报，2020，41（10）：139 - 143.

[60] 张曲薇. 东北地区玉米种植面积调整及影响因素研究 [D]. 哈尔滨：东北农业大学，2019.

[61] 张英俊，任继周，王明利，杨高文. 论牧草产业在我国农业产业结构中的地位和发展布局 [J]. 中国农业科技导报，2013，15（4）：61 - 71.

[62] 张煜. 新疆科技进步对经济增长的贡献评价 [D]. 乌鲁木齐：新疆大学，2015.

[63] 张煜，孙慧. 科技进步对经济增长贡献影响因素的理论研究 [J]. 科技进步与对策，2015，32（5）：25 - 30.

[64] 赵晓倩. 我国牧草供需现状分析及未来趋势预测 [D]. 兰州：兰州大学，2010.

[65] 赵芝俊，袁开智. 中国农业技术进步贡献率测算及分解：1985 - 2005 [J]. 农业经济问题，2009（3）：28 - 36.

[66] 周曙东，孟桓宽. 中国花生主产区种植面积变化的影响因素 [J]. 江苏农业科学，2017，45（13）：250 - 253.

[67] 周曙东，乔辉. 农产品价格对不同规模农户种植面积的影响——以大田商品作物花生为例 [J]. 南京农业大学学报（社会科学版），2018，18（1）：115 - 123 + 163 - 164.

[68] 周杨，郝庆升. 基于省际面板数据的 Translog - SFA 分析规模生猪养殖技术效率 [J]. 家畜生态学报，2018，39（9）：62 - 66 + 82.

[69] 朱希刚. 我国"九五"时期农业科技进步贡献率的测算 [J]. 农业经济问题，2002（5）：12 - 13.

[70] Agbola F W. Impact of Technological Changes on Crop Yield and Farm - Size Distribution in Nigeria [J]. International Journal of Agriculture and Biology，2017，19（2）：279 - 282.

[71] Akter S. Impact of Agriculture Technology Adoption on Welfare of Farmers in Bangladesh [J]. Journal of Agricultural and Food Chemistry，2017，65（13）：2717 - 2722.

[72] Arow K J，Debreu G，McKenzie L W. Existence of an Equilibrium for a Competitive Economy [J]. Econometrica，1954，22（3）：265 - 290.

[73] Bravo - Ureta B E，Pinheiro A E. Technical, economic, and allocative efficiency in peasant farming：evidence from the Dominican Republic [J]. Agricultural Economics，

1997, 16 (2): 145 – 157.

[74] Cobb C W, Douglas P H. A Theory of Production [J]. The American Economic Review, 1928, (14): 291 – 310.

[75] Chen Z. Effects of organic-inorganic fertilizers on soil fertility and crop yield: A meta – analysis of field trials in China [J]. Field Crops Research, 2018, 222: 119 – 127.

[76] Wu H X, Meng X. The direct impact of the relocation of farm labour on Chinese grain production [J]. China Economic Review, 1996 (10): 12 – 18.

[77] Martinez Cillero M, Thorner F, Wallace M. The effects of direct payments on technical efficiency of Irish beef farms: A stochastic frontier analysis [J]. Journal of Agricultural Economics, 2018, 69 (3): 669 – 687.

[78] Miller D A. Impacts of global warming on livestock, dairy, and fish production, M. E. Mann (Ed.), Confronting Global Warming: Farming and Food Supply, Green haven Press, Farmington Hills, 2011: 43 – 52.

[79] Tiffin R, Dawson P J. The relationship between productivity and farm size in English and Welsh agriculture [J]. Journal of Agricultural Economics, 2020, 51 (1): 1 – 19.

[80] Wang J. Effects of Irrigation on Maize Yield and Water Use Efficiency in the North China Plain [J]. Water, 2019, 11 (2): 221.

[81] Yan Y. Effects of climate factors on crop yields in Northwest China: A case study of wheat, maize, and potato [J]. Agricultural Water Management, 2020, 234: 106144.

[82] Zhao Y, Huang J, Yang J. Technical efficiency and its determinants in Chinese agriculture: evidence from household survey data [J]. Agricultural Economics, 2010, 41 (2): 153 – 165.

牧草成本收益专题

我国牧草生产成本收益变化趋势分析（2022）

倪印锋　王明利

　　发展牧草产业不仅有利于缓解我国大量进口牧草以及草食畜产品的压力，而且对调整农业种植结构、推进草畜一体化、实施奶业振兴、维护生态安全和促进绿色低碳发展具有重要意义。2015 年以来，中央一号文件多次明确指出深入推进农业结构调整，加快发展草牧业，支持青贮玉米和苜蓿等饲草料种植，开展粮改饲和种养结合模式试点，促进粮食、经济作物、饲草料三元种植结构协调发展，加快建设现代饲草料产业体系，牧草产业发展取得显著成效。党的二十大报告指出"坚持绿水青山就是金山银山的理念，坚持山水林田湖草沙一体化保护和系统治理"，把草纳入文明制度体系的重要地位。2022 年，为促进牧草产业高质量发展制定了全国饲草产业发展的第一个专项规划《"十四五"全国饲草产业发展规划》。但是，目前我国牧草生产仍面临生产效益不高、产品质量较低、国际竞争力不强等诸多问题，制约着我国牧草产业的高质量发展。要推动牧草产业持续稳定发展，必须科学了解牧草成本收益及要素投入配置情况，从而为生产经营者和政策制定者制定决策提供参考。在前期王明利（2015）、石自忠等（2017）、崔姹等（2018）和高海秀等（2019）进行了一系列研究，国家牧草产业技术体系产业经济研究室已对 2021 年以前数据库中的牧草成本收益进行了详细分析。2022 年，继续对数据库中主要牧草生产的成本收益信息进行跟踪调查，并对其进行分析和总结，为进一步进行牧草生产效率研究奠定基础。

一、牧草成本收益变化分析

（一）苜蓿生产成本收益变化情况分析

1. 2022 年苜蓿生产成本显著上升，主要生产资料价格均保持上涨

由表 1 可知，2022 年苜蓿种植总成本较 2021 年每亩增加 149.2 元，增长了 18.73%。从各分项成本来看，2021～2022 年除水电费外，其余各项费用等均有所增加。其中其他费用、肥料费、人工费和机械费增幅较大，分别增长了 54.64%、51.84%、19.93% 和 17.74%。由调研可知，种子费近两年也出现明显增长。主要原因在于，一方面，苜蓿生产商品化程度越来越高，当效益下降时生产者会主动缩减种植年限；另一方面，进口种子价格上升具有一定的带动作用。由于疫情等原因导致农村劳动力转移和机械社会化服务流通不畅，使得用工成本和机械费用明显增加。2022 年大宗商品价格大幅上涨，导致其他费用中的农药农膜以及肥料等价格也大幅提高，尤其是肥料费每亩单项增加 59.12 元/亩，是增加最多的单项费用。由于气候原因，2022 年水电费有所下降，但仍然高于平均水平。近年来苜蓿价格不断上升，生产者愿意租赁更好的土地导致租地费也保持上涨趋势。从成本结构来看，地租费和机械费均值在总成本中比例最高，这也是苜蓿产业发展的未来趋势。现代化苜蓿产业发展，必须依托土地流转进行规模化经营，而进行规模化就必须走机械化和信息化道路。目前，我国苜蓿产业发展的机械问题依旧突出，国产机械发展相对滞后，进口机械价格昂贵。土地和机械问题将成为苜蓿产业规模化、标准化、现代化发展的关键制约因素。

表1 　　　　　　　　　苜蓿各项成本费用情况　　　　　　　单位：元/亩

年份	种子费	人工费	肥料费	水电费	机械费	租地费	其他费用	总费用
2014	15.53	94.28	102.38	56.91	151.06	160.18	11.57	591.91
2015	16.79	91.44	105.08	50.20	150.71	193.24	7.18	614.64

续表

年份	种子费	人工费	肥料费	水电费	机械费	租地费	其他费用	总费用
2016	16.34	71.28	125.10	38.71	153.57	243.22	10.42	658.64
2017	15.28	92.37	97.26	49.85	168.96	202.60	9.49	635.81
2018	15.05	69.24	111.88	41.82	173.00	151.21	14.84	577.04
2019	17.05	93.60	108.33	57.55	193.93	156.17	32.53	659.16
2020	16.14	75.83	100.51	60.10	191.20	156.35	25.55	625.68
2021	20.67	92.49	114.04	82.52	214.01	250.89	21.78	796.40
2022	21.10	110.92	173.16	76.49	251.97	278.28	33.68	945.60
均值	17.11	87.94	115.30	57.13	183.16	199.13	18.56	678.32

注：各项费用均以种植面积为权重求其均值，其中种子费按照5年生长周期进行折算。
资料来源：国家牧草产业技术体系调研数据。

总体上来看，2014年以来苜蓿种植成本呈现波动上升的趋势，2022年总费用高于历年和平均水平，总费用从2014年的每亩不足600元增加到2022年的945.6元，增幅高达59.75%。其中肥料费、机械费和租地费从绝对量和相对量都增加较为明显，肥料费、机械费和租地费2022年比2014年每亩分别增加70.78元、100.91元和118.1元，增长高达69.13%、66.8%和73.73%，是苜蓿生产成本上升的主要来源。因此，今后应该通过保持肥料价格长期稳定、进一步研发国产机械和提高机械社会化服务水平、充分利用土地资源等综合措施来降低生产成本。种子费2022年相较于2014年每亩虽然仅增加了5.57元，但增幅却高达35.87%，今后应更加注重保障种子安全。

2. 苜蓿产量略有下降，单位价格和总收益显著上升

由表2可知，苜蓿价格大幅度增长成为苜蓿生产总收益和纯收益上升的主要原因。2022年苜蓿价格受国外进口大幅上涨和国内优质苜蓿供不应求的双重影响，苜蓿单位价格显著增加，从2021年1.93元/千克增加到2022年2.41元/千克，增长了24.87%。但单位产量相比2021年略有下降，由2021年771.49千克/亩下降到2022年的706.74千克/亩，降低了8.39%。总收益受价格主导从2021年1 488.98元/亩增加到2022年

1 703.24 元/亩，增长了 14.39%。纯收益则受成本大幅增加的影响较 2021 年仅增长了 9.39%，由 2021 年的 692.58 元/亩增加到 2022 年的 757.64 元/亩。在苜蓿生产成本增长幅度大于收益的同时产量下降，使得纯收益相对总收益增长较低，导致 2022 年成本利润率相对于 2021 年出现略微下降。由此可知，在当前阶段应利用种子、科技等因素增加苜蓿产量外，降低苜蓿生产成本同样是提高苜蓿收益的重要方面。这要求生产者一方面通过更加信息精细化管理来降低经营成本（高海秀，2020），另一方面可以通过提高科技水平合理配置生产要素来降低生产资料成本。

表 2　　　　　　　　2014～2022 年苜蓿生产收益变化情况

年份	单位产量（千克/亩）	单位价格（元/千克）	总收益（元/亩）	纯收益（元/亩）	成本利润率（%）
2014	618.89	1.95	1 206.84	614.93	103.89
2015	609.94	1.80	1 097.89	474.34	78.62
2016	677.59	1.67	1 131.58	472.94	71.81
2017	604.88	1.62	979.91	344.10	54.12
2018	626.47	1.83	1 146.44	569.40	98.68
2019	662.27	1.91	1 264.95	605.79	91.90
2020	660.17	2.04	1 346.75	717.84	115.25
2021	771.49	1.93	1 488.98	692.58	86.96
2022	706.74	2.41	1 703.24	757.64	80.12
均值	659.83	1.91	1 262.95	583.28	86.82

注：单位产量和单位价格以种植面积为权重求其均值，单位产量为苜蓿干重产量。
资料来源：国家牧草产业技术体系调研数据。

　　总体上来看，不同年份苜蓿的单位价格、总收益和纯收益变化较大。2014 年到 2022 年，苜蓿单位价格、总收益、纯收益基本都经历一个先降后升的趋势，整体上呈现"V"型的变化特征，都在 2017 年降低到最低水平，分别为 1.62 元/千克、979.91 元/亩和 344.1 元/亩，之后开始迅速回升，到 2022 年增加到 2.41 元/千克、1 703.24 元/亩和 757.64 元/亩，分别增长了 48.77%、73.82% 和 120.18%。尤其是在 2022 年，受益于价格大幅上升，不论是总收益还是纯收益都达到了近年来的峰值。单位产量近年来呈现波动上升的趋势，2022 年仅略低于 2021 年，这一方面是得益于管理和技术的进步，另一方面是种植土地得到一定程度改善（苜蓿本身也可以改良土地）。相对于单位产量来说单位价格的波动幅度更大，使得单位价格成为影响收益的核心因素。由于美国是我国苜蓿进口的最大来源国，近年来受中美贸易战和国际动荡加剧影响，苜蓿市场不确定性增强，进口苜蓿市场价格节节攀升，推动着国产苜蓿市场价格持续上涨（郭云冬、严兴辉，2020）；同时，2022 年苜蓿生产受耕地"非粮化"影响导致种植面积和产量都出现一定程度下降。

（二）青贮玉米成本收益变化情况分析

1. 青贮玉米生产成本明显上升，肥料费成为成本上升的主要诱因

青贮玉米是中国"粮改饲"试点政策引导种植的主要品种，其成本收益变化情况对中国农业种植结构调整具有重要影响。通过表 3 可知，2022 年青贮玉米种植总成本从 2021 年的 855.9 元/亩增加到 952.47 元/亩，增加了 96.57 元/亩，成本上涨了 11.28%。从分项成本来看，2022 年种子费、人工费、肥料费、租地费和其他费用均有所增加，而水电费和机械费略有下降。其中肥料费和租地费分别从 2021 年的 185.7 元/亩和 293.82 元/亩，增加到 2022 年的 252.38 元/亩和 325.96 元/亩。肥料费的绝对量增加最为显著，2022 年较 2021 年每亩增加了 66.68 元，占总成本增加的 69.05%，成为成本上升的主要原因。从成本结构来看，近两年肥料费在总成本中占比超过机械费成为仅次于地租的成本来源，主要是近两年大宗商品价格包括肥料周期性大幅上涨所致。租地费和机械费在总成本占比仍然占据较大比重，因此为了提高生产效益，适度规模化和机械化同样是青贮玉米产业未来发展的重要方向，土地和机械仍将是制约青贮玉米产业现代化发展的关键因素。

表3 　　　　　　　　青贮玉米各项成本费用情况 　　　　　　单位：元/亩

年份	种子费	人工费	肥料费	水电费	机械费	租地费	其他费用	总费用
2014	57.15	143.20	131.79	53.20	134.68	310.74	34.96	865.72
2015	51.55	72.42	149.75	58.55	174.37	398.76	37.27	942.67
2016	50.32	153.18	129.20	34.97	149.35	388.76	46.43	952.21
2017	46.52	94.27	126.57	27.23	162.91	251.55	44.89	753.94
2018	48.78	81.64	139.52	26.70	151.28	294.28	47.91	790.11
2019	55.49	141.41	162.15	40.52	172.77	207.46	28.51	808.31
2020	50.07	79.95	134.03	37.31	146.86	284.83	17.19	750.24
2021	52.66	75.44	185.70	47.17	180.61	293.82	20.50	855.90
2022	55.07	77.96	252.38	44.45	161.85	325.96	34.80	952.47
均值	51.96	102.16	156.79	43.34	159.41	306.24	34.72	854.62

注：各项费用均以种植面积为权重求其均值。
资料来源：国家牧草产业技术体系调研数据。

总体上来看，2014～2022年青贮玉米生产总费用呈现为波动起伏的状态。其中种子费用整体变化相对不大，近两年虽有所上涨，但是2021年国家提出《种业振兴行动方案》，相信未来种子价格会相对稳定。人工费用波动幅度程度较大，在2016年达到最大值后波动回落，2022年低于总体平均水平。肥料费在2019年之前整体上呈现波动增长的态势，这种增长趋势在2020年出现转折，但是近两年又出现大幅上涨的情况，成为成本上升的主要来源。水电费主要受到当年气候影响不断波动，2022年略高于总体平均水平。机械费整体上呈现波动上升趋势，在2021年上升到最高值，2022年略有下降。租地费变化幅度较大且在2019年之前有下降的趋势，但2019年之后又出现明显回升，2022年较2021年增长了10.94%。整体来看，肥料费占比变化逐渐超过机械费在总成本中的影响，成为近两年青贮玉米生产成本变化的新特征。

2. 青贮玉米收益创近年来最高水平，量价齐升表现明显

由表4可知，2022年青贮玉米不论是单位价格还是收益水平均达到近年最高水平。2022年青贮玉米单位价格较2021年略有上涨，每千克达到

0.6 元，总收益和纯收益较 2021 年分别增长了 13.58% 和 16.08%，成本利润率也由 2021 年的 92.06% 提高到 2022 年的 96.04%。通过分析可知，2022 年比 2021 年总收益和纯收益明显增长得益于青贮玉米单位产量较大幅度增长。2022 年青贮玉米单位产量较 2021 年增产 325.75 千克，增长了 11.69%，在青贮玉米价格稳定且略有上升的情况下，使得收益水平出现较大增长。由表 3 可知，由于 2022 年总费用较 2021 年也上涨了 11.28%，导致 2022 年收益率较 2021 年增长乏力。由此可知，2022 年青贮玉米总收益和纯收益均比 2021 年上升的核心因素是单位产量增加推动的，增产增效是今年青贮玉米生产的显著特征。

表 4　　　　　　　　2014～2022 年青贮玉米生产收益变化情况

年份	单位产量 （千克/亩）	单位价格 （元/千克）	总收益 （元/亩）	纯收益 （元/亩）	成本利润率 （%）
2014	3 574.43	0.34	1 208.16	342.44	39.56
2015	3 473.10	0.35	1 222.53	279.86	29.69
2016	3 816.06	0.35	1 320.36	368.15	38.66
2017	3 820.26	0.33	1 245.40	491.46	65.19
2018	3 717.40	0.34	1 245.33	455.22	57.61
2019	3 664.62	0.35	1 270.33	462.02	57.16
2020	2 968.31	0.44	1 317.93	577.69	78.04
2021	2 786.23	0.59	1 643.88	787.98	92.06
2022	3 111.98	0.60	1 867.19	914.72	96.04
均值	3 436.93	0.41	1 371.23	519.95	61.56

注：单位产量和单位价格以种植面积为权重求其均值，单位产量为青贮玉米鲜重产量。
资料来源：国家牧草产业技术体系调研数据。

从 2014～2022 年青贮玉米种植收益变化来看，青贮玉米单位价格与总收益、纯收益和成本利润率变化基本一致，整体上呈现波动上升的趋势。就单位产量来说，青贮玉米单位产量表现较为复杂的变化，2022 年之前表现为先增后降的趋势，但 2022 年较 2021 年又显著回升。就单位价格来说，2020 年之前青贮玉米单位市场价格变化不大，相对稳定，单位价格维持在 0.33 元/千克和 0.35 元/千克之间，仅有 6.06% 的变化幅度；

但 2020 年之后出现显著提高，2022 年比 2019 年价格提高了 71.43%，使得种植收益得到显著提高。综上可知，青贮玉米成本利润率变化趋势以及取得极值的年份与纯收益基本相同，在价格相对稳定的情况下，提产降本成为提高青贮玉米收益的主要途径。同时，近年来在国家大力推动"粮改饲"和草食畜牧业高质量发展背景下，价格变化是影响生产者种植积极性的重要因素而不容忽视。

（三）黑麦草成本收益变化情况分析

1. 黑麦草生产成本略有上升，各项费用涨跌不一

通过表 5 可知，2022 年黑麦草生产总费用比 2021 年略有上升，每亩总费用增加 12.35 元，仅增长了 0.87%。从各分项费用看，2022 年黑麦草种子费比 2021 年每亩增加 4.72 元，增长了 10.36%。这是由于近两年黑麦草种子大多进口，进口种子价格不断上涨成为种子费增长的主要原因。人工费和机械费存在着此消彼长的关系，从变化幅度看，两者变化都相对较小。肥料费则同样受到大宗商品价格上升的影响每亩增加 18.13 元，增长了 20.43%，变化较为显著。2022 年南方雨水较常年明显偏少，水电费由于基数较小变化最为显著，增长了 182.25%。机械费和租地费较 2021 年均有所下降。机械费下降不大，而租地费每亩减少了 31.22 元，降低了 4.93%。其他费用略有增长，变化不大。从成本结构看，租地费和人工费均值在总费用中占比最高，这主要与黑麦草多种植在南方地区的小块土地有关。南方地区水热条件好，地租普遍比北方相对要高；另外黑麦草种植不便于大规模机械化生产导致人工费用较高。从成本费用总体变化看，2020～2022 年各项费用绝对量变化不大，相对稳定。

表 5　　　　　　　2014～2022 年黑麦草各项成本费用情况　　　　单位：元/亩

年份	种子费	人工费	肥料费	水电费	机械费	租地费	其他费用	总费用
2014	45.54	595.04	170.74	15.46	90.13	725.58	13.96	1 656.45
2015	45.43	435.89	143.82	31.66	84.52	764.03	10.15	1 515.50

年份	种子费	人工费	肥料费	水电费	机械费	租地费	其他费用	总费用
2016	36.76	467.19	151.09	14.02	121.38	838.52	14.71	1 643.67
2017	37.07	460.25	142.58	13.92	121.79	837.94	11.28	1 624.83
2018	36.56	438.44	145.28	13.31	123.82	811.10	12.30	1 580.81
2019	35.26	437.27	117.98	6.36	119.78	728.85	10.05	1 455.55
2020	37.62	546.33	112.76	5.39	100.99	629.60	9.28	1 441.97
2021	45.56	518.31	88.73	5.07	117.23	633.31	16.58	1 424.79
2022	50.28	530.74	106.86	14.31	115.54	602.09	17.32	1 437.14
均值	41.12	492.16	131.09	13.28	110.58	730.11	12.85	1 531.19

注：各项费用以种植面积为权重求其均值。

资料来源：国家牧草产业技术体系调研数据。

2. 黑麦草总收益和纯收益突破前高，单位价格进一步上涨

由表6可知，2022年黑麦草总收益和纯收益比2021年继续保持上涨态势，创近年来最高水平，分别增长了6.89%和16.54%，每亩纯收益首次突破1 000元。就单位产量来说，2022年黑麦草单位产量较2021年略有增长，扭转了单位产量不断下降的趋势。就单位价格而言，黑麦草价格呈现明显波动上升的特点，也创造了近年来最高价格水平，每千克达到0.35元，成为近年来黑麦草收益增加的主要原因。就成本利润率而言，由于2022年总成本比2021年增加不多，在单位产量和价格同时上涨的双重作用下成本利润率也达到近年来最高水平。总体上来看，2014~2022年黑麦草的总收益和纯收益表现为不断波动变化的特点，但近三年来在价格上涨的推动下呈现逐年上升的趋势。综上可知，黑麦草总收益、纯收益和成本利润率变化趋势基本相同。相对于总成本的变化，总收益和纯收益受到单位价格和单位产量变化的影响较大，其中近年来价格又成为决定收益最核心的因素。

表6 　　　　　　　2014～2022 年黑麦草生产收益变化情况

年份	单位产量 （千克/亩）	单位价格 （元/千克）	总收益 （元/亩）	纯收益 （元/亩）	成本利润率 （%）
2014	8 785.16	0.26	2 257.79	601.34	36.30
2015	7 923.80	0.24	1 909.64	394.14	26.01
2016	8 528.14	0.24	2 046.75	403.08	24.52
2017	8 484.24	0.24	2 061.67	436.84	26.89
2018	8 509.46	0.23	1 965.69	384.88	24.35
2019	8 118.49	0.28	2 278.21	822.66	56.52
2020	7 495.55	0.29	2 173.71	731.74	50.75
2021	7 014.20	0.33	2 314.69	889.90	62.50
2022	7 069.28	0.35	2 474.25	1 037.11	72.16
均值	7 992.04	0.27	2 164.71	633.52	42.22

注：单位产量和单位价格以种植面积为权重求其均值，单位产量为黑麦草鲜重产量。
资料来源：国家牧草产业技术体系调研数据。

（四）燕麦草成本收益变化情况分析

1. 燕麦草生产成本显著增加，生产资料出现不同程度的全面上涨

由表7可知，2022 年燕麦草生产比较鲜明的变化是较 2021 年成本出现全面上涨。2022 年每亩总费用增加 133.53 元，增长了 28.01%。通过各项费用看，种子费、人工费、肥料费、水电费和机械费均出现较大幅度的增长，分别增长了 17.41%、51.42%、45.6%、90.17% 和 41.52%。尤其是肥料费和机械费增加较为显著，每亩分别增加 39.51 元和 50.15 元，成为燕麦草成本上升的主要推动因素。从成本结构看，近五年机械费在总成本中的比例首次超过租地费，达到近年来最高值；肥料费在总费用中的比例也不断上升。从 2014～2022 年生产成本变化趋势来看，总费用和各项费用在近年来变化较大，规律性不明显。在今后的燕麦生产中，各项费用未来如何变化，这种增长是偶然还是持续的，如何降低生产成本进一步提高生产效益成为生产者亟待解决的现实问题。

表7　　　　　　　　**2014～2022 年燕麦草各项成本费用情况**　　　　单位：元/亩

年份	种子费	人工费	肥料费	水电费	机械费	租地费	其他费用	总费用
2014	64.60	97.10	97.17	40.27	112.09	55.65	2.71	469.59
2015	87.62	70.63	102.58	31.96	139.34	112.41	22.86	567.40
2016	78.67	81.05	78.08	37.47	148.54	165.04	3.06	591.91
2017	61.70	78.33	98.02	58.96	144.63	125.77	2.56	569.97
2018	62.99	58.89	89.65	45.61	131.56	162.78	16.32	567.80
2019	65.48	65.31	97.59	38.62	122.29	166.76	35.21	591.26
2020	69.80	55.61	86.46	26.64	125.76	179.74	13.84	557.85
2021	68.65	36.58	86.64	12.82	120.79	139.37	11.86	476.71
2022	80.60	55.39	126.15	24.38	170.94	139.53	13.25	610.24
均值	71.12	66.54	95.82	35.19	135.10	145.61	13.52	562.91

注：各项费用以种植面积为权重求其均值。
资料来源：国家牧草产业技术体系调研数据。

2. 燕麦草生产总收益增加较为明显，而纯收益和收益率出现一定程度下降

由表8可知，2022 年燕麦草生产总收益在 2014 年以来首次突破每亩
1 000 元且达到 1 043.35 元的最高水平，较 2021 年增长了 13.4%；而纯
收益却比 2021 年略有下降，降低了 2.31%；成本利润率也由 2021 年的
93% 下降到 2022 年的 70.97%。结合表7可知，燕麦草生产量价齐升使得
燕麦生产总收益出现一定程度增长，尤其是单位价格每亩突破 2 元达到
2.15 元，增长了 9.69%；但 2022 年燕麦草总费用增长幅度远大于单位产
量和价格的增长，从而使得 2022 年纯收益和收益率出现一定程度下降。
整体上来看，2014～2022 年燕麦草收益变化趋势和单位价格基本趋同，都
经历了一个先降后升的过程。近两年燕麦草价格大幅上涨，其主要原因是
供需出现紧平衡状态，表现在两个方面，一是替代品价格不断上升带动燕
麦草价格上涨，二是国际市场进口价格不断上升的拉动，预计燕麦草价格
在短时期仍会在高位震荡。总体来看，燕麦草总收益和纯收益呈现较为明
显的先降后升的特点，不同年份之间收益差距变化较为悬殊，近两年来尤

其是价格因素成为影响燕麦草收益的主要因素。

表 8   2014～2022 年燕麦草生产收益变化情况

年份	单位产量 （千克/亩）	单位价格 （元/千克）	总收益 （元/亩）	纯收益 （元/亩）	成本利润率 （%）
2014	424.01	1.64	695.38	225.79	48.08
2015	583.90	1.45	846.66	279.26	49.22
2016	519.26	1.39	721.77	129.86	21.94
2017	495.68	1.30	644.38	74.41	13.06
2018	501.72	1.26	632.17	64.37	11.34
2019	451.43	1.38	622.97	31.71	5.36
2020	441.44	1.41	622.43	64.58	11.58
2021	469.42	1.96	920.06	443.35	93.00
2022	485.28	2.15	1 043.35	433.11	70.97
均值	506.61	1.55	778.84	215.93	39.16

注：各年份的项目值均是以种植面积为权重求得的加权平均值。
资料来源：国家牧草产业技术体系调研数据。

二、主要牧草的成本收益比较分析

（一）主要牧草生产的成本比较

通过对不同牧草的生产成本进行比较，从而掌握不同牧草生产的要素投入情况。由图 1 结合表 1、表 3、表 5 和表 7 可知，2014～2022 年，黑麦草生产的总成本最高，青贮玉米次之，苜蓿的总成本第三，燕麦草总成本最低。2014～2022 年，黑麦草总成本均值为 1 531.19 元/亩，其中租地费和人工费均值在总成本中占比最高；青贮玉米总成本均值为 852.4 元/亩，其中租地费和机械费均值在总成本中占比最高；苜蓿总成本均值为 677.27 元/亩，其中租地费和机械费均值在总成本中占比最高；燕麦草总成本均值为 562.91 元/亩，其中租地费和机械费均值在总成本中占比最高。由此可知，租地费作为土地投入构成牧草生产必不可少的主要成本。除租地费以外，黑麦草需要更多的人工投入，苜蓿、青贮玉米和燕麦则对机械提出更高的需求。因此，牧草生产者应该优先选择租地费和人工费相对较低且机械社会化服务水平较高的地区，从而一定程度达到降本增效的目的。

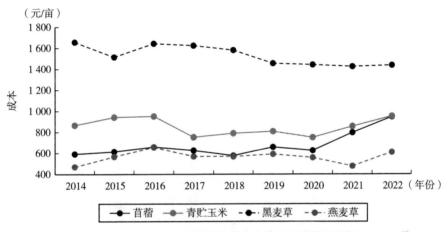

图1　2014～2022年主要牧草生产的总成本情况比较

资料来源：国家牧草产业技术体系调研数据。

（二）主要牧草收益的比较

纯收益对农业生产者生产决策行为一般具有决定性影响，是生产者对生产效益判断的重要依据。由图2结合表2、表4、表6和表8可知，2014～2022年，四种牧草的纯收益不断发生变化，其中苜蓿成本收益率均值排第一，成本收益率均值为86.6%，纯收益均值为583.28元/亩，排第二；青贮玉米纯收益均值和收益率均值分别排第三和第二，分别为519.95元/亩和61.56%；黑麦草纯收益均值和成本收益率分别排第一和第三，分别为633.52元/亩和42.22%；燕麦草纯收益和收益率排在最后，均值分别为215.93元/亩和39.16%。综上可知，苜蓿不论是纯收益还是成本收益率都靠前，是牧草生产者较好的选择；黑麦草纯收益虽高于其他品种，但其生长条件适于长江流域以南的地区，生产费用要求较高，使得成本利润率低于其他两种牧草；青贮玉米适于中国绝大多数地区种植，虽然纯收益略低于黑麦草和苜蓿，但生产在中国大部分一年两熟的地区，通过和其他作物轮作，也可以获得更高的收益；燕麦草由于价格不稳定且收益相对较低，一般在北方作为倒茬时种植，近年来随着价格上升，也成了一种不错的选择。

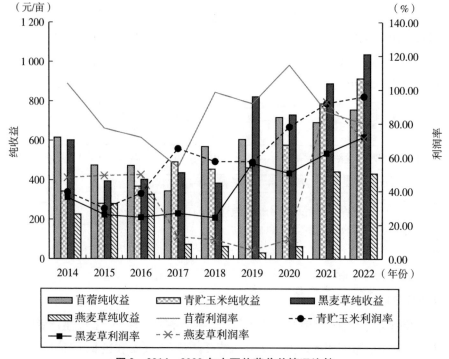

图2　2014～2022年主要牧草收益情况比较

资料来源：国家牧草产业技术体系调研数据。

三、结论与政策建议

（一）研究结论

总体上来看，2022年苜蓿、青贮玉米、黑麦草和燕麦草单位价格和总收益均创 2014 年以来最高水平，但苜蓿、青贮玉米和燕麦草生产成本的大幅度增加使得纯收益增长较低，只有成本增幅较小的黑麦草利润率提升较大。从成本角度来看，2022 年苜蓿、青贮玉米、黑麦草和燕麦草种植成本分别上升了 18.73%、11.28%、0.87% 和 28.01%，四种牧草中种子费、肥料费和其他费用均出现一定程度上涨，尤其是肥料费增长幅度较大。从纯收益角度来看，2022 年苜蓿生产纯收益增长 9.39%，主要原因是产量下降和成本增加；青贮玉米生产纯收益增长 16.08%，虽成本增加较多，但得益于产量增幅较大使得成本利润率进一步提升；黑麦草纯收益增长了 16.54%，主要得益于产出"量价齐升"；燕麦草纯收益却降低了 2.31%，主要是总费用增长幅度远大于单位产量和价格的增长所致。从市场价格来看，2022 年牧草价格创 2014 年以来新高成为最显著的特点，苜蓿单位价格涨幅高达 24.87%，主要受国内市场供给不足和国外进口价格上涨的双重影响；青贮玉米单位价格经历 2021 年的大幅上涨，2022 年每千克仅从 0.59 上涨到 0.60 元；黑麦草单位价格上涨了 6.06%，每千克达到 0.35 元；燕麦草单位价格在 2021 年大幅上涨后又增长了 9.69%，首次破"2"达到 2.15 元。

通过不同牧草的生产成本比较可知，黑麦草生产成本最高，青贮玉米次之，苜蓿第三，燕麦草的成本最低。2014～2022 年，黑麦草总费用均值为 1 531.19 元/亩，青贮玉米总成本均值为 852.4 元/亩，苜蓿总成本均值为 677.27 元/亩，燕麦草总成本均值为 562.91 元/亩。租地费作为土地投入构成牧草生产必不可少的主要成本，除租地费以外，黑麦草需要更多的人工投入，苜蓿、青贮玉米和燕麦则对机械提出更高的需求。通过不同牧草的收益比较可知，四种牧草的纯收益不断发生变化，其中苜蓿成本收益率均值排第一，纯收益均值排第二；青贮玉米纯收益均值和收益率均值分别排第三和第二；黑麦草纯收益均值和成本收益率分别排第一和第三；燕麦草纯收益和收益率排在最后。综上可知，苜蓿不论是纯收益还是成本收益率都靠前，是牧草生产者较好的选择；黑麦草纯收益虽高于其他品种，但其生长条件适于长江流域以南的地区，生产费用要求较高，使得成本利润率低于其他两种牧草；青贮玉米适于中国绝大多数地区种植，虽然纯收益略低于黑麦草和苜蓿，但生产在中国大部分一年两熟的地区，通过和其他作物轮作，也可以获得更高的收益；燕麦草由于价格不稳定且收益相对较低，一般在北方作为倒茬时种植，近年来随着价格上升，也成为一种不错的选择。

（二）政策建议

1. 构建现代高效育种体系，促进牧草育种产业化、专业化和市场化发展

牧草种子作为牧草产业发展的基础，对我国牧草产业高质量发展起着至关重要的作用。我国牧草种子进口量较大、对外依存度较高。2022年1月至9月份牧草种子进口4.9万吨，2022年牧草种子进口价格又普遍大幅度增长，成为牧草生产成本增加的重要组成部分。目前，我国牧草种子产业主要面临以下问题：一是育种工作进展缓慢、国际依存度高，已成为草业领域的"卡脖子"问题（宋平、钱永强，2022）；二是牧草种子质量良莠不齐，质量管理体系中缺少种子认证（南志标等，2022）；三是牧草育种产业化、专业化和市场化发展尚有巨大潜力（王雪萌等，2021）。因此，需要构建和支持现代高效育种体系，创新设计育种理念，解决牧草种子"卡脖子"问题；成立草种质量认证的专门机构，推广草种质量认证试点工作，完善草种质量认证管理体系（高媛，2022）；还有要加强技术研发力度，加快牧草育种产业化、专业化和市场化发展。

2. 构建数字化牧草全产业链社会服务体系和生产体系，促进降本增效

新时代下构建数字草业经营体系和生产体系是实现草业高质量发展的重要方向。数字经济可解决新型草业经营体系和生产体系构建过程中的诸多问题（陈卫洪、王莹，2022），通过数字技术在草业生产中的应用，促进农业产业链上下游企业获取信息的能力提升，提高生产经营主体利用生产要素的能力；获取草业生产、经营和销售等各环节数据，并利用数字技术计算分析得出应对方案，从而提高草业生产效率。同时，数字经济的发展为草牧业现代化注入新动能，数字经济在草业中的应用能够节约生产成本、提高生产效率和促进产品质量提升（梁琳，2022）。牧草生产成本偏高是我国草业经济效益低和竞争力弱的直接原因，而数字化转型可以促进成本的降低。将数字技术与草业发展相结合以转变草业生产方式，降低草业生产成本，发挥节水、节地、节肥、节料、节能等多重优势，精准控制草业生产过程中所需原料和劳动力资源的投入，为草业现代化发展提供技术支持。

3. 因地因时选择牧草种类，优化牧草生产区域布局

由于资源要素禀赋的差异，不同省份优势牧草生产种类并不相同。不同省份要根据当地的生产条件特点选择具有比较优势的牧草生产种类，从而提高牧草生产收益。对苜蓿生产来说，要继续巩固和扩大内蒙古通辽和赤峰地区、甘肃河西走廊和宁夏河套灌区等集中连片的优质苜蓿种植基地的建设，并适当调减其他非优势产区苜蓿的生产。就青贮玉米来说，要避免全局摊开和一拥而上，要重点布局在畜牧业基础较好且生产效率高的东北地区和西北地区。山东省和河北省等东部地区青贮玉米的生产都不具有优势，没有生产补贴的地区种植积极性并不高。因此，要适当调整非优势产区牧草的生产规模，进一步鼓励牧草向经济效益好的优势产区布局，向草食畜牧业发展较好的区域布局，从而更好地发挥产业集聚效应，促进草牧业一体化发展。

4. 提升牧草绿色产业、畜牧业安全生产战略地位，建立牧草生产政策支持体系长效机制

建议重新定位牧草产业发展战略地位，将牧草产业提升为中国农业绿色低碳可持续发展的纽带产业，推进牧草产业发展成为战略性新兴绿色低碳产业，并享受粮食等其他作物同等政策优惠，李丹等（2022）提倡在牧草生产保险等方面借鉴美国政策给予大力支持。统筹山水林田湖草沙系统治理中，着重发挥牧草的生产生态功能，实现经济发展和生态保护的双赢，使牧草产业成为诠释"绿水青山就是金山银山"的重大实践。在推进"稳粮、优经、改饲、扩草"的基础上，着力转变传统农业生产发展观念，确立牧草产业是大农业中协调发展农业生产生态系统必不可少的一环，制定牧草产业与种植业协同推进的政策支持体系，助推牧草产业现代化发展。我国牧草生产效益不稳定，迫切需要建立健全长期稳定的牧草产业政

策支持体系，加大资金支持力度，稳定生产经营市场预期，提升牧草生产积极性，推动牧草产业持续稳定发展。

参 考 文 献

[1] 王明利. 有效破解粮食安全问题的新思路：着力发展牧草产业 [J]. 中国农村经济，2015（12）：63 – 74.

[2] 石自忠，王明利，胡向东，等. 我国牧草种植成本收益变化与比较 [J]. 草业科学，2017，34（4）：902 – 911.

[3] 崔姹，王明利，胡向东. 我国草牧业推进现状、问题及政策建议——基于山西、青海草牧业试点典型区域的调研 [J]. 华中农业大学学报（社会科学版），2018（3）：73 – 80，156.

[4] 高海秀，王明利，石自忠，等. 中国牧草产业发展的历史演进、现实约束与战略选择 [J]. 农业经济问题，2019（5）：121 – 129.

[5] 高海秀. 中国牧草生产者种植决策行为研究 [D]. 北京：中国农业科学院，2020.

[6] 郭云冬，严兴辉. 甘肃省牧草种植及贸易收益分析——以苜蓿草、燕麦草为例 [J]. 甘肃农业，2020（2）：115 – 118.

[7] 宋平，钱永强. 草种业高质量发展路在何方？[J]. 绿色中国，2022（16）：50 – 52.

[8] 南志标，王彦荣，贺金生，胡小文，刘志鹏，李春杰，聂斌，夏超. 我国草种业的成就、挑战与展望 [J]. 草业学报，2022，31（6）：1 – 10.

[9] 王雪萌，张涵，宋瑞，刘备，张铁军，毛培胜，贾善刚. 中美牧草种子生产比较 [J]. 草地学报，2021，29（10）：2115 – 2125.

[10] 高媛，张祖欣，张榕，胡小文. 我国草种质量认证现状、实施途径与技术瓶颈 [J]. 草业科学，2022，39（2）：391 – 398.

[11] 陈卫洪，王莹. 数字化赋能新型农业经营体系构建研究——"智农通"的实践与启示 [J]. 农业经济问题，2022（9）：86 – 99.

[12] 梁琳. 数字经济促进农业现代化发展路径研究 [J]. 经济纵横，2022（9）：113 – 120.

[13] 李丹，王馨瑶，马丽. 美国牧草保险的发展与经验借鉴 [J]. 世界林业研究，2022，35（1）：118 – 123.

我国牧草生产全要素生产率变化分析（2022）

倪印锋　王明利

一、引言

2015年以来，中央一号文件多次提出要推进农业结构调整，支持青贮玉米和紫花苜蓿等饲草料种植，以北方农牧交错带为重点扩大"粮改饲"规模，促进粮食、经济作物、饲草料三元种植结构协调发展。2022年，为促进牧草产业高质量发展，国家制定了全国饲草产业发展的第一个专项规划《"十四五"全国饲草产业发展规划》。2022年上半年我国草产品进口总量83.39万吨，较2021年增长6%，同时草食畜产品继续维持大规模进口态势。基于上述背景可知，农业结构调整和发展牧草产业势在必行。但是受到诸多因素的影响，中国牧草产业起步较晚仍处于发展的初级阶段，生产各环节技术水平不高导致生产效率与发达国家相比有不小的差距。在农业资源紧缺、保证粮食安全和国外牧草产品激烈竞争的多重压力下，中国牧草产业全要素生产率是否还有提升空间？如何推动牧草产业全要素生产率的提高？这些问题的科学回答有利于增强牧草产品国际竞争力和推动牧草产业快速健康发展，对增加农民收入、促进农业结构优化调整和草牧业高质量发展具有重要现实意义。

当前，国内外学者研究农业全要素生产率的对象多集中在水稻、小麦和玉米等粮食作物以及棉花等经济作物，仅有极少部分学者对牧草生产的全要素生产率进行研究。现有的关于牧草生产效率的文献主要集中在苜蓿、黑麦草技术效率及科技进步贡献测算等方面，刘玉凤等（2014）对苜蓿生产技术效率进行了测度，研究发现苜蓿生产技术效率较高。王文信等（2016）和王丽佳（2017）分别对河北省和甘肃省苜蓿的生产效率进行了测度，研究结论具有一定差异。武延琴等（2021）对甘肃省草产业生产效率进行了实证研究，认为甘肃省牧草企业和合作社全要素生产率分别年均增长 3.44%、2.93%。由于测算方法和数据的差异导致测算得出的技术效率差异很大，缺乏针对牧草生产技术效率的系统测算，更是很少涉及牧草产业全要素生产率的测算。因此，对牧草产业全要素生产率展开研究可以填补当前研究的不足，具有重要现实意义。基于此，本文基于 2014～2022 年国家牧草产业技术体系产业经济研究室跟踪的苜蓿、青贮玉米和黑麦草微观数据，借助数据包络分析法（DEA），运用基于面板数据相邻参比的 Malmquist 指数模型对我国主要牧草的全要素生产率（TFP）进行测算和分析，剖析全要素生产率变化的内在机理，最后提出政策建议供生产决策和政策制定参考。

二、研究方法与数据说明

（一）研究方法

为系统考察我国牧草产业全要素生产率，本文拟采用 Malmquist 指数和随机前沿模型进行实证分析。两者为测定全要素生产率的经典方法，在测定农业全要素生产率方面得到广泛运用（全炯振，2009；王珏等，2010；张乐、曹静，2013）。

1. Malmquist 指数

Malmquist 指数专门用于测定全要素生产率变化，并可将全要素生产率变化分解为技术变化和技术效率变化。卡维斯等（Caves et al.，1982）基于产出距离函数针对产出角度的第 t 期和第 $t+1$ 期的 Malmquist 生产率指数进行定义，如式（1）和式（2）所示：

$$M_0^t = \frac{D_0^t(x_{t+1}, \ y_{t+1})}{D_0^t(x_t, \ y_t)} \tag{1}$$

$$M_0^{t+1} = \frac{D_0^{t+1}(x_{t+1}, \ y_{t+1})}{D_0^{t+1}(x_t, \ y_t)} \tag{2}$$

其中，D_0^t（x_t，y_t）代表以第 t 期的技术表示的当期技术效率水平，D_0^t（x_{t+1}，y_{t+1}）代表以第 t 期的技术表示（即以第 t 期的数据为参考集）的第 $t+1$ 期技术效率水平；D_0^{t+1}（x_t，y_t）代表以第 $t+1$ 期的技术表示第 t 期的技术效率水平，D_0^{t+1}（x_{t+1}，y_{t+1}）代表以第 $t+1$ 期的技术表示（即以第 $t+1$ 期的数据为参考集）的当期技术效率水平。基于上述两个时期的 Malmquist 指数的几何平均值可计算得出产出的 Malmquist 指数，如式（3）所示：

$$M_0(x_t, y_t, x_{x+1}, y_{t+1}) = \left[\frac{D_0^{t+1}(x_{t+1}, y_{t+1})}{D_0^{t+1}(x_t, y_t)} \times \frac{D_0^t(x_{t+1}, y_{t+1})}{D_0^t(x_t, y_t)}\right]^{\frac{1}{2}} \quad (3)$$

考虑生产率进步可能是由技术效率变化与生产技术变化共同作用的结果，卡维斯等（Caves et al.，1982）和法勒等（Färe et al.，1994）将全要素生产率变化分解为技术变化和技术效率变化两部分，具体可进行如下表述，如式（4）所示：

$$M_0(x_t, y_t, x_{x+1}, y_{t+1}) = \frac{D_0^t(x_{t+1}, y_{t+1})}{D_0^t(x_t, y_t)}\left[\frac{D_0^t(x_{t+1}, y_{t+1})}{D_0^{t+1}(x_{t+1}, y_{t+1})} \times \frac{D_0^t(x_t, y_t)}{D_0^{t+1}(x_t, y_t)}\right]^{\frac{1}{2}}$$
$$= EC_t \times TC_t \quad (4)$$

其中，TC 表示技术变化指数，EC 则表示技术效率变化指数。

2. DEA 面板模型

通过 DEA 方法计算 Malmquist 指数（MI）的基本思路为：

$$MI(t-1, t) = \frac{TFP(x_t, y_t)}{TFP(x_{t-1}, y_{t-1})} = \frac{TFP(x_t, y_t)/TFP(benchmark)}{TFP(x_{t-1}, y_{t-1})/TFP(benchmark)}$$
$$(5)$$

MI（$t-1$，t）转换为计算两个 DEA 效率值的比值，分子 TFP（x_t，y_t）是 DMU 在 t 期的 DEA 效率值，分母 TFP（x_{t-1}，y_{t-1}）是 DMU 在 $t-1$ 期的 DEA 效率值，但是这两个效率值的计算必须参比同一个前沿。分子和分母均以 $t-1$ 期的前沿 TFP（$benchmark$）作为参比，参比 $t-1$ 期前沿可以得出的 DEA 效率值，记为式（6）：

$$MI^{t-1}(t-1, t) = \frac{Score_{t-1}(x_t, y_t)}{Score_{t-1}(x_{t-1}, y_{t-1})} \quad (6)$$

Malmquist 指数可以分解为技术效率变化和技术变化，法勒等（Färe et al.，1994）在上述分解方法的基础上，根据规模收益是否可变将 Malmquist 指数（*MI*）进一步分解为三部分，如式（7）所示。索菲奥（Zofio，2007）在法勒等人的基础上又进一步将 *MI* 分解为四部分，如式（8）所示：

$$MI = PEC \times SEC \times TC \tag{7}$$

$$MI = PEC \times SEC \times PTC \times STC \tag{8}$$

其中，*PEC* 为纯技术效率变化指数，*SEC* 为规模效率变化指数，*PTC* 为纯技术变化指数，*STC* 为规模技术变化指数。

（二）数据来源与说明

本文数据来源于 2014～2022 年国家牧草产业技术体系产业经济研究室的跟踪调研数据。由于各年度跟踪的数据及有效样本存在差异，在做到反映样本实际信息情况下，运用非平衡面板数据进行测算。其中，苜蓿样本来自河北、黑龙江、吉林、内蒙古、宁夏、山西、陕西、新疆、甘肃等省份，青贮玉米的样本主要来自宁夏、新疆、山东、河北、内蒙古、四川等省份，黑麦草样本来自四川、湖北和云南等省份。数据处理时，剔除未填写单位产量、单位价格，以及存在相关数据异常的样本，最后得到各类作物的有效样本数量。根据苜蓿、青贮玉米和黑麦草生产投入产出的过程，在运用 MaxDEA 软件测算中本文选取每亩苜蓿干草产值（元/亩）、青贮玉米鲜重产值（元/亩）、黑麦草鲜重产值（元/亩）作为产出指标；选取每亩劳动力投入（元/亩）、每亩肥料费（元/亩）、每亩租地费用（元/亩）、每亩机械费（元/亩）和每亩其他物质费用（元/亩）等作为投入指标。

三、实证结果与分析

（一）苜蓿生产的 Malmquist 指数变化及其分解

根据基于面板数据相邻参比的 Malmquist 指数模型测算得出 2014～

2022 年我国苜蓿生产的全要素生产率变化情况。由表 1 可知，2021～2022 年苜蓿生产全要素生产率下降了 4.57%，主要是产出水平增长低于要素投入增长导致纯技术变化和规模技术变化退步。从整体上来看，2014～2022 年苜蓿生产的全要素生产率得到一定程度增长，年均增长率为 4.5%。从 Malmquist 指数分解的各项指标变化来看，2014～2022 年苜蓿生产纯技术效率变化年均增长 0.13%，纯技术变化年均进步 3.82%，规模效率变化年均增长 2.98%，规模技术年均增长 -2.38%，由此可知，纯技术进步和规模效率提高是 2014～2022 年苜蓿生产全要素生产率增长的主要来源。从各项指标均值可知，纯技术进步和规模效率的提高同样是 2014～2022 年苜蓿生产全要素生产率指数增长的主要动力；纯技术效率年均增长率为正且均值大于 1，说明纯技术效率提升对全要素生产率增长也具有一定支撑作用；其中规模技术年均增长率下降且历年均值小于 1，说明随着生产规模上升并没有处理好投入产出关系，成为阻碍全要素生产率增长的重要因素。因此，为促进全要素生产率水平的提高必须进一步提升生产的规模技术水平，对种植面积较大的苜蓿种植户和企业进行跟踪专业指导，着力解决规模技术下降的问题。

表 1　　**2014～2022 年苜蓿生产的 Malmquist 指数及其分解情况**

年份	MI	PEC	PTC	SEC	STC
2014～2015	0.9877	0.9840	0.9953	1.0483	0.9621
2015～2016	1.1769	1.0311	1.0786	1.0759	0.9837
2016～2017	0.9302	1.0112	1.0184	0.9068	0.9960
2017～2018	1.0503	0.9913	1.0346	1.0057	1.0183
2018～2019	1.1143	1.0728	0.9777	1.1250	0.9444
2019～2020	1.0716	1.0123	1.0265	1.0320	0.9993
2020～2021	1.0989	0.8163	1.3353	1.0350	0.9740
2021～2022	0.9543	1.1205	0.8901	1.0236	0.9347
年均增长（%）	0.0450	0.0013	0.0382	0.0298	-0.0238
算数均值	1.0480	1.0049	1.0446	1.0315	0.9766

　　注：MI 为测算的 Malmquist 指数，PEC 为纯技术效率变化，PTC 为纯技术变化，SEC 为规模效率变化，STC 为规模技术变化。
　　资料来源：根据 Maxdea 软件计算结果整理得到。

（二）青贮玉米生产的 Malmquist 指数变化及其分解

由表 2 可知，2021～2022 年青贮玉米全要素生产率增长了 6.2%，较 2021 年增速有所下降，主要原因是青贮玉米生产要素投入配置不合理出现冗余，导致纯技术效率和规模效率下降。从整体上来看，2014～2022 年青贮玉米生产的全要素生产率年均增长并不高，仅有 3.92%。从各分项指标年均增长变化来看，青贮玉米纯技术效率增速一般，年均增长仅有 1.95%；纯技术变化年均进步较快为 3.57%，是青贮玉米全要素生产率增长的主要动力；规模效率和规模技术变化年均增长为负，分别增长 -1.1% 和 -0.48%，不利于全要素生产率增长。从各分项指标均值可知，2014～2022 年纯技术效率提高和纯技术变化年均增长为正且均值大于 1，成为青贮玉米全要素生产率增长的主要来源；而规模效率和规模技术变化年均增长率为负且均值小于 1，说明规模效率下降和规模技术退步成为阻碍青贮玉米全要素生产率增长的重要原因。因此，为促进青贮玉米全要素生产率水平的提高，一方面，要促进种植面积与生产要素投入相匹配，避免要素投入冗余；另一方面，要着力提高与生产规模相适应的新技术应用和推广。

表 2　　2014～2022 年青贮玉米生产的 Malmquist 指数及其分解情况

年份	MI	PEC	PTC	SEC	STC
2014～2015	0.9701	0.9270	1.0345	1.0295	0.9826
2015～2016	1.0678	1.0337	1.0226	1.0152	0.9950
2016～2017	1.0979	1.0245	1.0380	0.9586	1.0771
2017～2018	0.9907	1.0063	1.0240	0.9451	1.0173
2018～2019	1.0132	1.0214	1.0095	0.9206	1.0674
2019～2020	0.9744	1.0006	0.9822	1.0725	0.9245
2020～2021	1.1514	1.3728	0.9212	1.0625	0.8570

年份	MI	PEC	PTC	SEC	STC
2021～2022	1.0620	0.8421	1.2889	0.9214	1.0619
年均增长（%）	0.0392	0.0195	0.0357	-0.0110	-0.0048
算数均值	1.0409	1.0285	1.0401	0.9907	0.9979

注：MI 为 Malmquist 指数，PEC 为纯技术效率变化，PTC 为纯技术变化，SEC 为规模效率变化，STC 为规模技术变化。

资料来源：根据 Maxdea 软件计算结果整理得到。

（三）黑麦草生产的 Malmquist 指数变化及其分解

通过表3可以发现，2021－2022 年我国黑麦草全要素生产率增长了 7.28%，在三种牧草中增速最快，纯技术变化进步增长 11.54% 是其快速增长的主要原因。从整体上来看，2014～2022 年黑麦草全要素生产率年均增长速度较低，年均增长率仅有 2.19%。从各分项指标年均增长变化可知，2014～2022 年黑麦草纯技术效率和规模效率年均增长率分别为 -1.23% 和 -0.1%，是导致黑麦草全要素生产率增长较慢的重要原因；而纯技术效率进步增长较快，年均增长 3.33%，成为拉动 2014～2022 年全要素生产率出现大幅增长主要因素；规模技术效率增长速度缓慢，年均仅增长 0.22%。从各项指标均值来看，纯技术效率小于 1 且年均增长也为负值，成为影响黑麦草全要素生产率增长的主要因素；纯技术进步均值大于 1 且年均增速较快，成为拉动黑麦草全要素生产率增长的主要动力。因此，如何优化配置生产要素投入和提高生产管理技术水平成为提高黑麦草全要素生产率的关键。

表3　　2014～2022 年黑麦草生产的 Malmquist 指数及其分解情况

年份	MI	PEC	PTC	SEC	STC
2014～2015	0.9835	0.9982	1.0081	0.9183	1.0643
2015～2016	1.0567	0.9877	1.0366	0.9519	1.0843
2016～2017	1.0083	1.0353	0.9776	1.0071	0.9892

续表

年份	MI	PEC	PTC	SEC	STC
2017~2018	1.0245	0.9846	1.0133	1.0095	1.0171
2018~2019	1.0266	1.0254	1.0002	1.0545	0.9492
2019~2020	0.9857	1.1344	0.8979	1.0538	0.9183
2020~2021	1.0202	0.7779	1.2531	1.0393	1.0070
2021~2022	1.0728	0.9962	1.1154	0.9668	0.9987
年均增长（%）	0.0219	-0.0123	0.0333	-0.0010	0.0022
算数均值	1.0223	0.9925	1.0378	1.0002	1.0035

注：MI 为 Malmquist 指数，PEC 为纯技术效率变化，PTC 为纯技术变化，SEC 为规模效率变化，STC 为规模技术变化。

资料来源：根据 Maxdea 软件计算结果整理得到。

四、主要牧草全要素生产率的影响因素分析

通过上述分析可知，我国主要牧草全要素生产率仍存在较大进步空间，迫切需要推进牧草生产全要素生产率的提升。回顾我国牧草产业发展历史及近年来生产实际情况来看，影响我国牧草全要素生产效率提升的因素多种多样，但笔者认为关键因素主要有以下几个方面。

（一）生产规模与技术水平和要素投入水平不相适应

在上述分析中本文发现，2022 年苜蓿生产规模技术下降，青贮玉米生产规模效率下降的问题，黑麦草生产更是出现规模效率和规模技术同时下降，这些问题成为阻碍牧草全要素生产率增长的重要因素。由此可知，目前的技术水平下，牧草生产规模对全要素生产率影响较为明显，因此需要根据生产要素和生产管理等选择恰当的生产规模。从对主要省份牧草生产的调研可知，由于生产者受教育水平等原因，牧草种植规模与技术水平出现了一定偏差，在生产环节不能及时处理生产过程中出现的问题，导致生产效率较低。此外，由于当前牧草产业社会化服务体系不健全，存在要

素投入与生产规模不相匹配的情况。以苜蓿为例，由于苜蓿收获时间和天气情况对质量存在较大影响，使得小规模生产者如果购买机械导致生产成本过高效率低下，同时也存在大规模生产机械投入冗余的情况，这两种不匹配情况都成为阻碍全要素生产率增长的重要原因。

（二）牧草生产的技术水平和管理水平仍存在较大进步空间

我国牧草生产技术滞后的直接原因是牧草产业起步较晚。美国等牧草产业发达国家产业起步早，具有较为完善的牧草生产技术体系。当前，我国牧草生产在良种化、机械化、标准化等方面还存在巨大提升空间。我国优质草种对外依赖度高，草种进口近年持续增长。但是，国外优质牧草品种往往不如国产牧草品种适应性强，多数生产者反映部分国外优质苜蓿品种越冬较差、持续性不强，亟须培育出适应我国不同地区、不同气候条件下的优质国产牧草品种。生产经营者对牧草生产经营管理与技术的缺位，特别是在传统种养观念依旧突出、牧草生产得不到应有重视的宏观背景下，牧草生产效率的提升仍是社会迫切需要关注的问题。很多企业在种植牧草过程中，因管护不当，致使苜蓿出苗率差，草地杂草丛生，产量不高，质量不够，甚至出现大面积死亡现象；部分规模生产者对苜蓿品种认知和选择不到位，苜蓿打捆技术选择不科学，苜蓿市场定位不准确。

（三）国家牧草产业政策支持体系不健全

现有牧草产业支持政策可分为生态型政策和生产型政策。其中，生态型政策旨在保护和恢复草原生态环境，间接推动牧草产业发展；生产型政策主要包括振兴奶业苜蓿发展行动、"粮改饲"、南方现代草地畜牧业推进行动等，对牧草产业发展具有直接推动作用。从对陕西省高产优质苜蓿示范建设项目调研情况看，项目申报条件为集中连片2 000亩以上，但目前流转2 000亩以上土地难度较大；部分地区项目建设资金被整合，无法发挥项目建设作用。且政策扶持没有统筹考虑地区性和主体差异性。就山东省"粮改饲"调研情况看，当地普遍反映"粮改饲"政策补贴对象和力度有待优化，补贴力度有待进一步加强。另外，2022 年出现小麦青贮事件和耕地"非粮化"对牧草生产具有较大不利影响。总体来看，国家现有牧草产业补贴政策相对较少，政策实施过程中问题较多，对提高生产者尤其是小规模生产者及有条件的生产者参与牧草产业的积极性不大，这也在一定程度上影响着牧草产业生产效率的提升。

五、结论与启示

（一）结论

基于 2014～2022 年国家牧草产业技术体系产业经济研究室跟踪的苜蓿、青贮玉米和黑麦草微观数据，借助数据包络分析法（DEA），运用基于面板数据相邻参比的 Malmquist 指数模型对我国主要牧草的全要素生产率（TFP）进行了测算和分析，并探究了影响全要素生产率变化的内在机理，具体可得到如下研究结论。

由通过上述分析可知，2021～2022 年苜蓿、青贮玉米和黑麦草全要素生产率分别增长 -4.57%、6.2% 和 7.28%；2014～2022 年苜蓿、青贮玉米和黑麦草全要素生产率年均分别增长 4.5%、3.92% 和 2.19%。通过 Malmquist 指数测算分解的各项指标结果可知，苜蓿生产全要素生产率增长的两大动力是纯技术的进步和规模效率的提高，规模技术下降成为阻碍全要素生产率增长的关键因素；青贮玉米全要素生产率增长则主要依靠纯技术效率提高和纯技术的进步，规模效率下降和规模技术退步成为阻碍青贮玉米全要素生产率增长的重要原因；黑麦草全要素生产率的增长则主要是较快提高的纯技术进步拉动，纯技术效率是影响黑麦草全要素生产率增长的主要因素。由此可知，影响我国牧草产业全要素生产率提升的主要因素包括生产规模与技术水平和要素投入水平不相适应，牧草生产管理水平与生产规模存在较大进步空间，国家牧草产业支持政策不稳定且不健全等。根据上述研究结论，提出以下政策建议供决策参考。

（二）启示

1. 适当调整牧草生产规模，着力提高与生产规模相适应的新技术应用和推广

在目前的技术水平下，结合以往的研究可知牧草生产规模对生产技术效率影响较为显著。就苜蓿而言，中等规模和大规模生产的纯技术效率和规模效率要高于小规模生产，要发挥中等规模和大规模生产的纯技术效率和规模效率优势，有条件的地区要适当扩大生产规模，同时注重中大规模生产技术水平的提高。就青贮玉米而言，中等生产规模纯技术效率和规模效率优势最为显著，规模收益递减的比例最低，生产规模过大同样会造成效率的损失。因此青贮玉米生产要适度规模经营，生产规模不宜过大或过小。而黑麦草受制于生产条件和地形等条件的限制，开发适合南方丘陵地区生产的机械，适当扩大生产规模。

2. 构建数字化牧草全产业链社会服务体系和生产体系，促进降本增效

新时代下构建数字草业经营体系和生产体系是实现草业高质量发展的重要方向。数字经济可解决新型草业经营体系和生产体系构建过程中的诸多问题，通过数字技术在草业生产中的应用，促进农业产业链上下游企业获取信息的能力提升，提高生产经营主体利用生产要素的能力；获取草业生产、经营和销售等各环节数据，并利用数字技术计算分析得出应对方案，从而提高草业生产效率。同时，数字经济的发展为草牧业现代化注入新动能，数字经济在草业中的应用能够节约生产成本、提高生产效率和促进产品质量提升。牧草生产成本偏高是我国草业经济效益低和竞争力弱的直接原因，而数字化转型可以促进成本的降低。将数字技术与草业发展相结合以转变草业生产方式，降低草业生产成本，发挥节水、节地、节肥、节料、节能等多重优势，精准控制草业生产过程中所需原料和劳动力资源的投入，为草业现代化发展提供技术支持。

3. 完善牧草技术支撑体系，提升牧草生产科技水平

目前中国牧草全要素生产率的增长仍然主要依靠技术效率提高和技术进步，但中国牧草产业对国外科技依赖度较高，在草种和机械方面表现尤

为严重。未来要加大国家科技攻关等计划中对草种和机械的科研投入，加大育种、种植、加工以及全程机械化作业等关键技术的研发力度，注重先进技术的推广和应用。深化农业科技成果在草业的转化和推广，完善生产科技研究推广体系，加强草业提质增效技术成果的应用，发挥农业科技在牧草生产效率提高中的积极作用，促进牧草单位产量的提高。发挥国家牧草产业体系专家力量，注重对牧草生产者的培训，提高其生产技术和经营管理水平，增强其对先进技术应用能力。加强牧草科技人才培养工作，解决牧草产业人才培养严重不足的问题。通过借助网络和微信等现代化通信手段，采用多种方式对涉及牧草生产各关键环节的生产技术知识和技能进行培训。

4. 加大政策支持力度，完善政策对牧草生产的支持内容

相对于大田作物和其他发达国家对牧草产业的支持来说，国家对牧草生产的支持补贴力度远远不足，应当在现有政策的基础上进一步增加牧草生产的支持，实行粮草同等补贴待遇，建立粮食与牧草相对平衡的农业补贴制度，避免为获得补贴而改变牧草种植品种导致效率损失；增加对生产各环节的补贴力度，刺激生产经营主体的积极性；增加对牧草社会化服务经营主体的补贴力度，促进牧草生产效率的提高。进一步完善当前政策补贴内容。当前"粮改饲"试点补贴主要针对青贮玉米，各地区适宜生产牧草品种略有差异，应增加对苜蓿、黑麦草等品种的补贴，鼓励地方政府根据本地区生产特点落实补贴政策。"振兴奶业苜蓿发展行动"补贴面积要求较高，可以根据不同地区生产情况，适当下调补贴面积标准，从而促进中小规模生产者生产积极性和生产效率的提高。最后，牧草产业政策支持体系需要长期稳定，稳定生产经营者市场预期，才能推动牧草产业持续健康发展。

参 考 文 献

[1] 刘玉凤，王明利，石自忠，等. 我国苜蓿产业技术效率及科技进步贡献分析[J]. 草业科学，2014，31（10）：1990 - 1997.

[2] 王文信，张志虹，孙乾晋. 农户苜蓿种植的规模效率分析——基于河北省黄

骅市的实证分析 [J]. 中国农业大学学报（社会科学版），2016，33（3）：42-49.

[3] 王丽佳. 民勤县苜蓿生产效率的 DEA - Tobit 模型分析 [J]. 草业科学，2017，34（2）：407-414.

[4] 汪武静，王明利. 我国西南地区黑麦草种植技术效率及科技进步贡献分析——以四川省为例 [J]. 中国农业科技导报，2017，19（6）：21-28.

[5] 全炯振. 中国农业全要素生产率增长的实证分析：1978~2007年——基于随机前沿分析（SFA）方法 [J]. 中国农村经济，2009（9）：36-47.

[6] 王珏，宋文飞，韩先锋. 中国地区农业全要素生产率及其影响因素的空间计量分析——基于1992~2007年省域空间面板数据 [J]. 中国农村经济，2010（8）：24-35.

[7] 张乐，曹静. 中国农业全要素生产率增长：配置效率变化的引入——基于随机前沿生产函数法的实证分析 [J]. 中国农村经济，2013（3）：4-15.

[8] 倪印锋，王明利. 不同地区和生产规模下青贮玉米生产技术效率分析 [J]. 中国草地学报，2020，42（1）.

[9] 武延琴，白贺兰，林慧龙. 甘肃省草产业生产效率实证研究 [J]. 干旱区资源与环境，2021，35（9）：143-150.

[10] 李丹，王馨瑶，马丽. 美国牧草保险的发展与经验借鉴 [J]. 世界林业研究，2022，35（1）：118-123.

[11] 陈卫洪，王莹. 数字化赋能新型农业经营体系构建研究——"智农通"的实践与启示 [J]. 农业经济问题，2022（9）：86-99.

[12] 梁琳. 数字经济促进农业现代化发展路径研究 [J]. 经济纵横，2022（9）：113-120.

[13] Caves D, Christensen L C, Diwert W E. The economic theory of index numbers and the measurement of input, output and productivity [J]. Econometrica, 1982, 50: 1393-1414.

[14] Färe R, Grosskopf S, Norris M, Zhang Z. Productivity growth, technical progress and efficiency changes in industrialized countries [J]. American Economic Review, 1994, 84 (1): 66-83.

[15] Zofio J L. Malmquist produtivity index decompositions: a unifying framework [J]. Applied Economics, 2007, 39 (16): 2371-2387.

典型区域高产高效优质饲草比较
效益评价及发展趋势分析报告

张　浩　王明利

　　《"十四五"全国饲草产业发展规划》是针对全国饲草产业发展的第一个专项规划，提出了"十四五"时期我国饲草产业发展的一系列目标。明确提出健全饲草料供应体系，增加青贮玉米种植，提高苜蓿、饲用燕麦等紧缺饲草自给率。各地以"粮改饲"、振兴奶业苜蓿发展行动、草原生态补奖等政策为抓手，努力克服新冠疫情对草牧业的影响，积极发展饲草产业，优质饲草供应能力正逐步增强。

　　为深入了解我国饲草产业发展状况，合理把握典型区域饲草作物生产效益，国家牧草产业技术体系产业经济研究室对我国饲草产业发展较具代表性的宁夏、甘肃、内蒙古、山东、河北、云南等省份的部分县（市、区）开展了相关调研。通过整理汇总调研数据，测算我国苜蓿、燕麦草和青贮玉米典型生产区域种植成本收益情况。结合实地调研情况以及相关资料，对我国牧草种植生产基本情况以及未来发展趋势进行分析。

一、优质饲草比较效益评价

（一）典型区域高产优质苜蓿比较效益评价

　　《"十四五"全国饲草产业发展规划》中明确指出要用科技推进西北、华北、东北和部分中原地区苜蓿产业带建设，建成一批优质高产苜蓿商品草基地，逐步实现优质苜蓿就地就近供应，保障规模化奶牛养殖场的苜蓿需求。为充分掌握当前我国高产优质苜蓿效益情况，选取河北省沧州市、衡水市和邢台市；山东省滨州市；宁夏回族自治区固原市、吴忠市和石嘴山市；甘肃省酒泉市、定西市、张掖市等苜蓿种植典型地区进行了调研。如图1和图2所示，2018~2022年河北省、山东省、宁夏回族自治区和甘肃省苜蓿种植总成本整体呈上升趋势；苜蓿种植纯收益均有不同程度的增加，近年来随着草食畜牧业的发展，苜蓿干草需求量大幅增加，市场价格上涨明显，从而带动种植收益有所上涨。

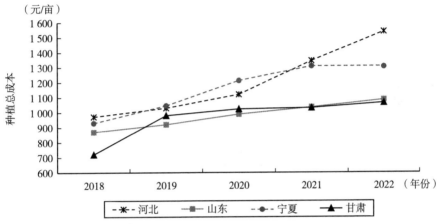

图1　2018~2022年典型地区苜蓿种植总成本变化

资料来源：国家牧草产业技术体系产业经济研究室的调研材料。

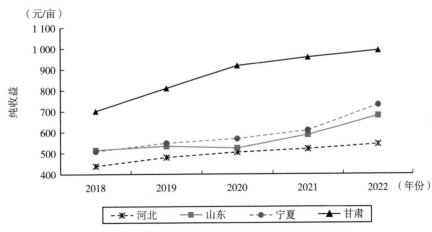

图2　2018~2022年典型地区苜蓿种植纯收益变化

资料来源：国家牧草产业技术体系产业经济研究室的调研材料。

在苜蓿生产典型区域内，选择优质高产种植户/企业与该地区平均生产水平进行对比，比较两种生产水平间成本收益差距并探究原因。由表1可知，从不同生产区域来看，2022年甘肃种植苜蓿平均收益情况优于山东与河北，平均每亩纯收益达991.16元/亩；河北种植苜蓿平均收益最低，平均每亩纯收益为542.69元/亩。

表1　　　　　2022年典型区域苜蓿成本收益情况对比

生产水平	河北		山东		宁夏		甘肃	
	平均	高产	平均	高产	平均	高产	平均	高产
种子费（元/亩）	127.00	90.00	90.00	90.00	140.00	200.00	73.53	90.00
人工费（元/亩）	160.00	70.00	100.00	50.00	81.76	100.00	155.69	200.00
肥料费（元/亩）	138.50	150.00	100.00	160.00	210.76	350.00	196.66	220.00
机械费（元/亩）	232.00	600.00	260.00	120.00	253.00	350.00	172.34	300.00
租地费（元/亩）	816.60	1 000.00	480.00	600.00	546.73	550.00	225.56	300.00
其他费用（元/亩）	64.87	80.00	55.00	30.00	73.50	80.00	241.45	230.00
总成本（元/亩）	1 538.97	1 990.00	1 085.00	1 050.00	1 305.75	1 630.00	1 065.23	1 340.00
单位产量（千克/亩）	819.55	1 000.00	980.00	1 030.00	877.67	1 200.00	890.21	1 060.00
单位价格（元/千克）	2.54	3.10	1.80	2.20	2.32	3.00	2.31	2.60
纯收益（元/亩）	542.69	1 110.00	679.00	1 216.00	730.44	1 970.00	991.16	1 416.00

从同一区域不同生产水平对比来看，两者成本收益差异明显。甘肃高产种植户较平均水平相比，总成本投入增加274.77元/亩，纯收益增加424.84元/亩，苜蓿干草销售价格高于平均水平表明生产出的苜蓿干草品

质更优。河北高产种植户纯收益比平均水平高 567. 31 元/亩，高产种植户人工费与种子费投入低于平均水平，机械费投入与销售单位价格高于平均水平。表明该地区高产种植户机械化水平普遍较高，生产出的苜蓿干草品质更优，同时由于规模采购优势与精确播种技术，种子投入成本较低。山东高产种植户纯收益比平均水平高 537 元/亩，两者总成本投入相近。高产种植户人工费与机械费投入低于平均水平，租地费投入、肥料费与销售单位价格高于平均水平。表明该地区高产主要取决于种植土地的质量与化肥的投入量。宁夏高产种植户较平均水平相比，总成本投入增加 324. 25 元/亩，纯收益增加 1 239. 56 元/亩，高产种植户机械费投入、种子费投入、肥料费与销售单位价格高于平均水平，其他费用投入差距不大。

（二）典型区域高产优质青贮玉米比较效益评价

根据青贮玉米的种植规模和发展水平，选取具有代表性的云南省德宏市、文山市、曲靖市；山东省济南市、东营市和滨州市；河北省沧州市、衡水市和邢台市进行了调研，上述地区 2018 ~ 2022 年青贮玉米种植成本和收益如图 3 和图 4 所示。可以看出，2018 ~ 2022 年云南和河北青贮玉米

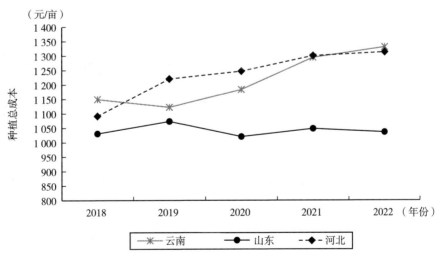

图 3　2018 ~ 2022 年典型地区青贮玉米种植总成本变化

资料来源：国家牧草产业技术体系产业经济研究室的调研材料。

种植总成本整体呈上升趋势，山东青贮玉米种植总成本整体平稳，变动幅度较小，可能是由于山东地区种植条件较好，大块平整土地较多，适宜机械作业，有效节省了种植成本，提高生产效率；从收益看，云南、山东和河北的青贮玉米种植纯收益均有不同程度的增加，主要是由于各地大力发展牛羊产业，有力地带动了青贮玉米的消费。

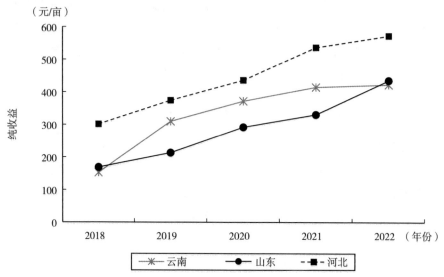

图 4　2018～2022 年典型地区青贮玉米种植纯收益变化

资料来源：国家牧草产业技术体系产业经济研究室的调研材料。

从不同生产区域看（见表 2），2022 年河北种植青贮玉米平均收益情况优于山东与云南，平均每亩纯收益达 572.92 元/亩；云南种植青贮玉米平均收益最低，平均每亩纯收益为 422.66 元/亩。在计算成本收益过程中，单位产量表示为青贮玉米鲜重，其他费用主要包括水电费、农药、地膜等费用。由于部分地区一年可种植两季作物，因此一年生饲草租地费用按照一季进行折算。

表2   **2022年典型区域青贮玉米成本收益情况对比**

生产水平	云南		山东		河北	
	平均	高产	平均	高产	平均	高产
种子费（元/亩）	79.10	88.00	56.70	47.50	48.33	50.00
人工费（元/亩）	384.00	30.00	196.80	25.00	93.00	20.00
肥料费（元/亩）	300.00	75.00	171.20	180.00	162.00	160.00
机械费（元/亩）	92.00	70.00	44.70	155.00	160.00	135.00
租地费（元/亩）	400.00	550.00	325.00	350.00	416.60	400.00
其他费用（元/亩）	75.00	15.00	41.43	0.00	32.70	20.00
总成本（元/亩）	1 330.10	828.00	1 035.83	957.50	1 312.63	1 185.00
单位产量（千克/亩）	4 381.90	4 936.00	2 825.00	3 500.00	2 856.83	3 200.00
单位价格（元/千克）	0.40	0.40	0.45	0.45	0.52	0.50
纯收益（元/亩）	422.66	1 146.40	435.42	817.50	572.92	815.00

从同一区域不同生产水平对比来看，两者成本收益差异明显。河北高产种植户纯收益比平均水平高242.08元/亩；山东高产种植户纯收益比平均水平高382.08元/亩，两者总成本投入相近。高产种植户人工费远低于平均水平，机械费远高于平均水平。表明该地区高产种植户机械化水平普遍较高。云南高产种植户较平均水平相比，总成本投入减少502.1元/亩，纯收益增加723.74元/亩，高产种植户人工费、肥料费投入低于平均水平。表明该地区全株青贮玉米高产种植户主要是通过控制成本投入来提升效益。

（三）典型区域高产优质燕麦草比较效益评价

选取青海省海北藏族自治州刚察县、门源县、贵南县、海晏县；内蒙古自治区乌兰察布市、赤峰市、呼伦贝尔市；河北省张家口市；甘肃省酒泉市、定西市、张掖市进行调研。由图5和图6所知，2018～2022年内蒙古、甘肃、河北燕麦草种植总成本与纯收益整体呈上升趋势，且纯收益增速大于总成本。青海省燕麦草种植总成本整体高于内蒙古、甘肃以及河北，年际变化不大，纯收益整体低于内蒙古、甘肃及河北。主要是由于青海燕麦草种植连片化、规模化程度较低，造成机械作业水平低，田间管理难度大，影响生产效率，并且高原地区物资运输成本高，增加了种植成本，进而影响种植收益。

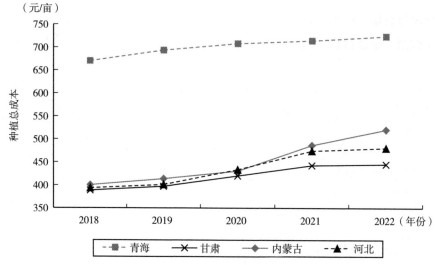

图5　2018～2022 年典型地区燕麦草种植总成本变化

资料来源：国家牧草产业技术体系产业经济研究室的调研材料。

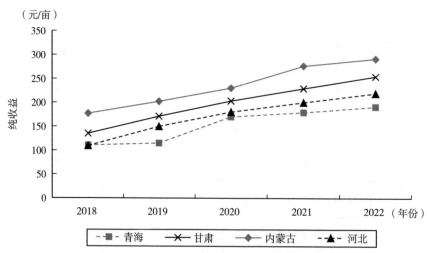

图6　2018～2022 年典型地区燕麦草种植纯收益变化

资料来源：国家牧草产业技术体系产业经济研究室的调研材料。

从不同生产区域来看（见表 3），2022 年内蒙古种植燕麦草平均收益情况优于青海、甘肃与河北，平均每亩纯收益达 291.97 元/亩；青海种植燕麦草平均收益最低，平均每亩纯收益为 191.41 元/亩。在计算成本收益过程中，单位产量表示为燕麦草鲜重。其他费用主要包括水电费、农药、地膜等费用，由于部分地区一年可种植两季作物，因此一年生饲草租地费用按照一季进行折算。

表 3 　　　　　　　2022 年典型区域燕麦草成本收益情况对比

生产水平	青海		甘肃		内蒙古		河北	
	平均	高产	平均	高产	平均	高产	平均	高产
种子费（元/亩）	73.60	60.00	87.47	90.00	70.00	70.00	62.40	65.00
人工费（元/亩）	53.65	60.00	100.00	100.00	40.00	120.00	56.25	120.00
肥料费（元/亩）	86.55	64.00	82.04	145.00	116.00	180.00	74.40	115.00
机械费（元/亩）	147.42	158.00	125.89	200.00	120.00	200.00	164.40	135.00
租地费（元/亩）	234.00	200.00	50.00	90.00	94.54	230.00	83.30	100.00
其他费用（元/亩）	29.00	0.00	0.00	20.00	80.00	260.00	40.00	0.00
总成本（元/亩）	724.22	642.00	445.40	645.00	520.54	1 060.00	480.75	535.00
单位产量（千克/亩）	453.13	580.00	350.00	425.00	441.58	1 200.00	336.60	430.00
单位价格（元/千克）	1.80	1.60	2.00	2.40	1.84	1.70	2.08	2.00
纯收益（元/亩）	191.41	386.00	254.60	375.00	291.97	980.00	219.38	325.00

从同一区域不同生产水平对比来看，两者成本收益差异明显。甘肃高产种植户较平均水平相比，总成本投入增加 199.6 元/亩，纯收益增加

120.4 元/亩，通过增加投入带来的额外收益已经小于投入的成本，未来不能再一味地增加投入来提升纯收益，应当加快产业技术进步。高产种植户肥料费投入、机械费投入与销售单位价格高于平均水平。表明该地区高产种植户机械化水平普遍较高，化肥的投入量更大，生产出的燕麦草品质更优；青海高产种植户纯收益比平均水平高 194.59 元/亩，高产种植户人工费与机械费投入与平均水平相当，租地费投入、肥料费与销售单位价格低于平均水平。表明该地区高产种植户通过提升技术，降低成本投入来提升收益。由于内蒙古东西部地区生产要素差异显著，高产种植户较平均水平相比，总成本投入增加 539.46 元/亩，纯收益仅增加 688.03 元/亩，高产种植户机械费投入、人工费投入、肥料费均高于平均水平；河北平均水平与高产种植户总收益相差 105.62 元/亩，高产种植户人工费投入、机械费投入等均高于平均水平，反映出田间管理水平及机械化水平的提升能够提高种植户的纯收益。

二、优质饲草发展趋势分析

近年来，随着居民收入水平提高，牛羊肉和奶类需求持续快速增长。"十三五"期间，我国牛奶、牛肉、羊肉消费量年递增率分别达 4.3%、5.8%、2.8%，明显高于畜产品整体消费增速。2020 年，我国人均牛肉和奶类消费量分别为 6.3 千克和 38.2 千克，只有世界平均水平的 69% 和 33%，未来还有很大的增长空间。《国务院办公厅关于促进畜牧业高质量发展的意见》明确提出，到 2025 年牛羊肉和奶源自给率分别保持在 85% 左右和 70% 以上，要实现保供目标，我国牛羊养殖对优质饲草的缺口依然较大。

（一）饲草供给能力逐步提升

按照当前我国苜蓿生产能力来看，国内生产和需求之间仍有很大的供需缺口，需要多种途径提升苜蓿生产能力。在"粮改饲"、苜蓿发展行动等政策带动下，各地大力发展饲草产业，充分挖掘盐碱地、撂荒地、农闲田等土地资源，立足气候条件和资源禀赋，探索形成了一批饲草产业发展的典型模式。草原生产力进一步提升，人工种草日渐增多，对盐碱地、河滩地、农闲田和撂荒地的利用使得饲草产业空间有效拓展。东北、西北地区积极推广短生育期饲草，种植模式实现"一季改两季"。各地因地制宜选择饲用燕麦、黑麦草、苜蓿、箭筈豌豆、小黑麦等饲草品种开展粮草轮作，推行豆科与禾本科饲草混播或套作。如在冬小麦—夏玉米产区推广苜蓿套种青贮玉米技术；在东北、黄土高原和南方草山推广高产混播技术。而饲草产品质量更是高度依赖产业技术进步。提升饲草产品质量可以通过推广先进栽培技术、水肥一体化技术、生物灾害绿色防控技术、测土配方施肥技术、裹包青贮技术和机械化收获技术等。在降水较多地区推广半干青贮生产技术，能够有效避免雨季饲草生产损失，提升草产品品质。

（二）饲草良种繁育体系逐渐完善

饲草种业是我国饲草基础性、战略性核心产业，是现代草食畜牧业发展水平和畜产品国际竞争力的集中体现，是农业科技进步的主要标志。近年在国家政策引导和财政资金扶持下，有关部门和地方切实履行政府职能，为种业的健康发展营造了较好的政策环境、市场环境，按照"育繁推"一体化的发展思路，开展种质资源保护、新品种测试与审定、饲草种子质量监管、良种繁育基地建设等种业发展基础性工作，饲草种业稳步发展，取得了一定成效，但现代育种体系不健全、管理体制机制不畅、科技支撑能力不足和总量供给不足等问题依然存在，制约着饲草种业高质量发展。

（三）饲草加工能力提高，经营主体日渐增多

国家机构改革后，中央逐渐加大对草畜企业的扶持力度，着力培育草产品供应市场，尤其牛羊大省对优质饲草供不应求，带动了各地草产品加工企业与日俱增，草产品种类多样化，以牛羊为主的规模化养殖场逐渐加大了青贮饲料的配制和饲喂，青贮产品产量增幅明显。据2021年《中国草业统计》数据显示，2020年全国草产品加工企业及合作社达1 547家，经营主

体队伍壮大。窖式、堆积式、壕式、裹包式等青贮技术得到广泛应用。草捆、草块、草颗粒和草粉等草产品种类日益多样化。干草（含草捆、草块、草颗粒、草粉等）产量376.2万吨、青贮产量604.3万吨（折合干草302.2万吨），折合干草总量678.4万吨。

（四）产业扶持政策精准发力，聚焦产业集群建设

近年国家对饲草产业的年均投入达32.5亿元，有力支撑了产业发展，巩固了脱贫攻坚成果，推进了乡村振兴。《"十四五"全国饲草产业发展规划》是针对全国饲草产业发展的第一个专项规划，提出了"十四五"时期我国饲草产业发展的一系列目标，在河西走廊、北方农牧交错带、河套灌区、黄河中下游及沿海盐碱滩涂区统筹畜牧业发展和生态建设，大力发展苜蓿等优质饲草，培育了一批饲草产业集群。全株青贮玉米生产逐步向"镰刀弯"和"黄淮海"地区集中。内蒙古、甘肃、宁夏、新疆等省（区）的优质饲草产业带，东北、内蒙古东部的羊草生产区，以及西南、长江与淮河以南的南方饲草生产区，即"一带两区"格局已基本成型。

阿鲁科尔沁旗牧草产业成市收益评估及发展建议

励汀郁　王明利

内蒙古自治区阿鲁科尔沁旗是全国范围内集中连片种植紫花苜蓿面积最大的地区和国家紫花苜蓿种植标准化示范区。对该典型地区牧草产业成本收益进行调研并进行评估，对于转变牧草产业生产方式，推动牧草产业转型升级具有较重要的意义。

一、阿鲁科尔沁旗基本情况

阿鲁科尔沁旗（以下简称阿旗）位于内蒙古东部、赤峰市东北部，与通辽市、锡林郭勒盟接壤，总土地面积 14 277 平方公里，辖 14 个苏木乡镇、2 个街道、245 个嘎查村，总人口 30 万，其中蒙古族人口 12 万。阿旗自然资源丰富，有天然草原 1 560 万亩，草业发展独树一帜，优质牧草基地面积达到 70 万亩，年产商品草 65 万吨，是全国集中连片种植紫花苜蓿面积最大的地区和国家紫花苜蓿种植标准化示范区，2013 年被中国畜牧业协会草业分会命名为"中国草都"称号。阿旗是内蒙古自治区 33 个重点牧业旗之一，已列入全国特色农产品区域布局规划和肉牛优势区域布局规划，是"全国适度规模化母牛养殖示范县"，大小畜存栏常年保持在 260 万头只以上。[①]

阿旗自 2008 年发展节水高效优质紫花苜蓿种植至今，全旗已配备指针式自走喷灌设备 900 台套，草业基地草圈建设 2015 年已达到 1 280 个，总面积 100 万亩，能够满足草业观光需要，已在基地核心区修建柏油公路106.78 公里，架设 10KV 供电专线 119 公里，草业机械功率配备达 18.5

---

① 资料来源：阿鲁科尔沁旗政府网。

万千瓦，草业机械数量 4 600 台套。① 逐步形成了沙地苜蓿、节水高效、集中连片、体系健全、链条完善、质量稳定等特色，是全国范围内集中连片种植紫花苜蓿面积最大的地区。阿旗目前已有赤峰首农辛普劳绿田园有限公司、甘肃亚盛田园牧歌草业集团有限责任公司、内蒙古蒙草抗旱股份有限公司、内蒙古伊利实业集团股份有限公司、阿鲁科尔沁旗惠农草业股份有限公司等 20 家大型企业入驻，采用国际先进牧草作业设备，生产流程技术成熟，具备了现代牧草产业"机械化作业、规模化发展、标准化生产、市场化经营、社会化服务"五大特点，在生态治理、产业发展、牧民致富等方面成效显著。

二、阿鲁科尔沁旗 2022 年牧草生产成本收益变化情况

阿旗当地主要以苜蓿和燕麦草为主要牧草品种，本部分基于当地调研数据分析自 2004 年以来阿旗牧草生产成本收益变化情况。

（一）苜蓿生产成本收益变化情况分析

1. 苜蓿生产成本逐渐稳定，机械和租地费用占比较高

由表 1 可知，自 2019 年以来，阿旗苜蓿种植总成本较为稳定，均维持在 680 元/亩左右。从各分项成本来看，自 2014 年以来，机械费和租地费是苜蓿生产中的主要成本，平均分别占到了苜蓿生产总成本中的 23.8% 和 17.7%。调研发现由于近年来苜蓿销售价格上涨，生产者开始愿意租用好地种植苜蓿，使得苜蓿产量得到较大提升的同时地租费也显著增加；另外，农村劳动力持续流失导致用工成本增加，同时由于 2022 年收获雨水较多，使得机械费用也有一定增加。从成本结构来看，地租费和机械费均值在总成本中比例最高，这也是苜蓿产业发展的未来趋势。现代化苜蓿产业发展，必须依托土地流转实现规模化，而实现规模化就必须走机械化道路。目前，我国牧草产业发展的机械问题依旧突出，国产机械发展相对滞

---

① 资料来源：阿鲁科尔沁旗政府网。

后，进口机械费用昂贵。土地和机械问题将成为苜蓿产业规模化、标准化、现代化发展的关键制约因素。

表1　　　　　　　　阿旗苜蓿种植各项成本费用情况　　　　单位：元/亩

年份	种子费	人工费	肥料费	水电费	机械费	租地费	其他费用	总费用
2014	87.00	68.44	135.75	94.00	137.50	63.75	13.72	600.16
2015	133.75	87.50	220.00	100.00	186.67	102.14	25.00	855.06
2016	99.63	85.83	95.58	72.92	209.58	67.22	13.33	644.09
2017	107.72	91.00	98.70	78.35	153.30	145.00	17.88	691.95
2018	107.93	84.13	160.48	88.71	224.57	154.12	22.86	842.80
2019	97.32	83.25	128.92	62.39	147.45	138.32	26.18	683.83
2020	102.50	82.92	132.64	61.80	157.43	120.66	28.33	686.28
2021	64.00	125.00	67.71	38.75	155.00	176.00	13.33	639.79
2022	88.00	129.17	108.43	65.00	139.75	154.36	10.54	695.25
均值	98.65	93.03	127.58	73.55	167.92	124.62	19.02	704.36

资料来源：笔者根据调研材料整理而得。

2. 苜蓿产量增长较快，成本收益率稳步增加

阿旗苜蓿产量大幅度增加是苜蓿生产总收益和纯收益上升的主要原因。由表2可知，2014年阿旗苜蓿单产为620.91千克/亩，2022年单产已经上升到797.14千克/亩，增加了28.4%。而从单位价格上来看，苜蓿单价总体较为稳定，除个别特殊年份价格较低外，基本都维持在1.9元/千克的水平上。阿旗苜蓿种植总收益由2014年1 198.36元/亩增加到2022年1 546.45元/亩，增长了29.0%。纯收益则由2014年的598.20元/亩增加到2022年的851.20元/亩，增长了42.3%，主要得益于苜蓿单产的快速增加。在当前阶段除继续加大科技投入等增加苜蓿单位产量外，降低苜蓿生产成本费用同样是提高苜蓿生产收益的重要方面。一方面，可以通过更加精细化管理来降低经营成本；另一方面，可以通过合理配置生产要素来降低生产资料成本。

表 2 阿旗苜蓿生产收益变化情况

年份	单位产量 （千克/亩）	单位价格 （元/千克）	总收益 （元/亩）	纯收益 （元/亩）	成本利润率 （%）
2014	620.91	1.93	1 198.36	598.20	99.67
2015	733.57	1.93	1 415.79	560.73	65.58
2016	657.22	1.87	1 229.00	584.91	90.81
2017	739.61	1.55	1 147.87	455.92	65.89
2018	638.10	1.90	1 212.39	369.59	43.85
2019	642.44	1.92	1 233.48	549.65	80.38
2020	715.39	2.02	1 445.09	758.81	110.57
2021	775.00	1.90	1 472.50	832.71	130.15
2022	797.14	1.94	1 546.45	851.20	122.43
均值	702.15	1.88	1 322.33	617.97	89.93

注：单位产量和单位价格以种植面积为权重求其均值，单位产量为苜蓿干重产量。成本利润率＝纯收益/总费用。

资料来源：笔者根据调研材料整理而得。

（二）燕麦草成本收益变化情况分析

1. 燕麦草生产成本明显增加，机械费、租地费增幅最大

由表3可知，自2014年以来，阿旗燕麦草生产成本有了明显的上升，从437.4元/亩增加到了928.26元/亩。其中机械费和租地费的增幅最大，分别增加了175.32元/亩和141.88元/亩。随着当地机械化水平的提高，对机械的需求也越来越高，导致了燕麦草生产过程中高额的机械成本支出。此外，部分种植场户租赁的地块土地质量较高，需要高额的土地租赁费用，也在整体上拉高了平均租地费用支出。从总体趋势上来看，阿旗燕麦草生产成本的波动较为剧烈，一方面，由于当地主要以种植优质苜蓿草为主，种植燕麦草的种植场户相对较少，没有形成规模化种植效应；另一方面，也可能是受到收集数据的偏误影响，使得部分极端情况的数据影响了整体的数据情况，导致当地燕麦草总生产成本的统计结果波动较为明显。

表3　　　　　　　　　　阿旗燕麦草各项成本费用情况　　　　　　　单位：元/亩

年份	种子费	人工费	肥料费	水电费	机械费	租地费	其他费用	总费用
2014	60.38	43.56	78.09	90.81	101.24	55.75	7.57	437.40
2015	70.6	39.00	122.80	62.00	59.00	110.00	10.00	473.40
2016	98.44	82.22	112.11	75.89	220.56	91.17	25.00	705.39
2017	71.87	78.00	99.32	71.63	184.73	154.00	2.56	662.11
2018	88.68	75.45	146.38	79.58	165.75	158.90	34.00	748.74
2019	74.81	49.06	111.23	56.25	127.00	122.85	35.21	576.41
2020	96.09	62.73	130.43	62.27	145.91	316.00	13.00	626.43
2021	100.00	27.50	114.00	32.50	117.50	339.00	15.00	545.50
2022	100.00	66.88	213.20	57.44	276.56	197.63	16.55	928.26
均值	84.54	58.27	125.28	65.37	155.36	127.26	17.65	633.74

注：各项费用以种植面积为权重求其均值。
资料来源：笔者根据调研材料整理而得。

2. 燕麦草生产收益波动明显，单位产量不太稳定

由表4可知，燕麦草种植纯收益在2022年同比2014年大幅增加424.16元，增幅达181.3%，这主要得益于燕麦草单位产量从438.70千克/亩增长到了955.56千克/亩。此外，燕麦草价格波动也比较明显，单价在1.2~1.7元/千克浮动，2021年燕麦草价格达到了1.78元/千克的高点。燕麦草价格上涨较多的主要原因是市场供应较为紧张，一是羊草大幅度减少，导致一部分低端燕麦草被以前购买羊草的企业用掉；二是很多大的草业公司在储备草，没有售卖。总体来说，供应是相对充足的，目前运费在涨，预计燕麦草价格还会在高位震荡。总体来看，燕麦草总收益和纯收益呈现较为明显的先降后升的特点，不同年份之间收益差距变化悬殊，尤其是价格变动较大，成为影响燕麦草收益的主要因素之一。

表4　　　　　　　　　　阿旗燕麦草生产收益变化情况

年份	单位产量（千克/亩）	单位价格（元/千克）	总收益（元/亩）	纯收益（元/亩）	成本利润率（%）
2014	438.70	1.53	671.21	233.81	53.45

年份	单位产量 （千克/亩）	单位价格 （元/千克）	总收益 （元/亩）	纯收益 （元/亩）	成本利润率 （%）
2015	720.00	1.60	1 152.00	678.60	143.35
2016	791.25	1.36	1 076.10	370.71	52.55
2017	614.17	1.23	755.43	93.32	14.09
2018	669.17	1.32	883.30	134.56	17.97
2019	468.75	1.29	604.69	28.28	4.91
2020	519.09	1.36	705.96	79.53	12.70
2021	615.00	1.78	1 091.63	546.13	100.11
2022	955.56	1.66	1 586.23	657.97	70.88
均值	643.52	1.46	947.39	313.66	52.22

注：单位产量和单位价格以种植面积为权重求其均值，单位产量为燕麦干重产量。成本利润率＝纯收益/总费用。

资料来源：笔者根据调研材料整理而得。

三、当地典型种草养畜家庭牧场案例

双金龙家庭牧场是阿旗一家较为典型的以种草养牛为主的家庭牧场。双金龙家庭牧场位于阿旗绍根镇浩力宝嘎查，距旗政府所在地天山镇45千米。该场是典型肉牛高效精养示范户，现存栏肉牛85头，其中能繁基础母牛51头，存栏牛品种为乳肉兼用西门塔尔牛，个别母牛日产奶达25千克。双金龙家庭牧场以种养一体化、冷配提质量、精养求高效、科学饲养保健康为牧场发展目标，实现了牧场的科学发展。

种养一体化是指通过租入土地种植青贮玉米、苜蓿和燕麦等优质饲草，每头牛保证配备1亩玉米青贮，并配备适量的苜蓿和燕麦，保障日粮科学搭配，同时牛场粪尿等全部还田利用，既减少了粪污污染，也实现了粪污的初步资源化利用，经过多年改造的饲料地特别肥沃。

双金龙家庭牧场主特别重视冷配技术的应用，在液氮免费、冻精免费、培训免费等优惠政策的帮助下，2000年起就接受了牛胚胎移植术培训，2005年被评为年度全市优秀畜人工授精技术员。目前该牧场已经实现了第五代的冷配改良，有的母牛从 3 岁开始配种，已经生了 8 个犊子（其中一年是双胞胎），每天的产奶量达到 20~25 千克，将近持续 5 个月。

精养求高效是双金龙家庭牧场最核心的养殖理念，即少养牛、把牛养精。目前场存栏能繁基础母牛保持在 50 头左右，母牛产后两个月左右再进行下一次配种，确保每头母牛一年一犊。每年最优秀母犊留 3~5 头补栏更新，其余犊牛全部出售，既保证了养牛的质量也有非常可观的收益。

在养牛过程中该牧场还特别重视科学养殖的方法。如犊牛和母牛分群管理：犊牛和母牛所需营养物质不同，饲料组成也就各有千秋，注重母牛营养管理促进母牛产后两个月左右发情完成配种，确保每头母牛一年一犊；不同阶段分别饲喂：不同生长阶段所需营养物质不同，总的原则是满足机体营养需要，既不能过多也不能过少。过多机体吸收不了，造成浪费和经济损失，过少达不到机体需求，影响生长发育；保障营养需求：早期补饲锻炼瘤胃功能，每头牛保证配备青贮玉米、用于饲料的玉米及人工草场的苜蓿和燕麦来保障营养需求；为牛放牧创造条件：为母牛放牧运动创造条件，牧场北部 30 亩饲用玉米地，收割后秸秆留在田里，在冬春季节通过放牧采食利用，50 亩种植青贮地是牛运动场，粪尿还田合理利用，形成生态良性循环。

四、阿鲁科尔沁旗草牧业发展存在问题

（一）传统养殖观念仍然存在，种养结合不够紧密

阿旗生产布局呈区域性集中，配套土地严重不足。与此同时，在种植业上，由于化肥增产的比较优势、耕地碎片化、农村劳动力缺乏等原因，加之有机农产品市场培育滞后、有机产业尚未建立起来，缺乏有机肥使用的市场环境，使养殖与种植无法有效衔接、种养主体分离。一方面，畜禽粪污不能充分利用或未经处理排放成为农业面源污染的重要来源；另一方面，化肥的过量使用造成土壤板结、退化和地力下降等现象。充足的畜禽粪肥资源与较低有机质含量的土壤地力现状形成了较大反差，因此真正实

现种养结合、农牧循环发展，可谓任重而道远。

（二）标准化、规模化经营程度不高，制约产业发展壮大

农业生产经营的规模化、集约化、标准化程度不高一直是制约农业产业化进程、限制农产品品牌化的重要因素。阿旗受自然资源和牧户思想认识等因素制约，一方面土地流转难，分散式经营造成土地适度规模集中的程度相对不高；另一方面农民专业合作社不够规范，产业化经营覆盖面还不够广，一部分合作社存在制度不健全、管理不规范等问题。龙头企业带动能力不够强。加工企业多数规模偏小、实力偏弱，与农户的关系不够紧密，没有真正建立利益共享、风险共担的责任机制，带动农户和基地的作用还有待提升，抗御市场风险和自然风险的能力相对较弱。

（三）草牧业发展技术制约明显，专业人才缺乏

适宜阿旗当地的混播人工草牧场牧草品种种类有限，组合配比存在技术限制，混播草地很难发挥其应有优势，产草量达不到理想目标；部分养牛场舍饲期日粮配比结构不合理，营养水平低，限制家畜生产性能的充分发挥；引进人才难、留住人才更难，高素质的现代管理人才严重缺乏，落后的管理模式，制约了当地草牧业进一步发展，新技术、新成果推广转化缓慢。

五、阿鲁科尔沁旗草牧业产业发展建议

（一）充分发挥国家草牧业支持政策的优势

阿旗应抓住国家草牧业相关政策优势，地方政府积极出台配套措施，着力推进草食畜牧业提质增效、转型发展。结合国家相关政策文件和支持项目，重点实施肉牛肉羊养殖大县奖励、畜牧良种补贴、标准化规模养殖扶持、肉牛基础母牛扩群增量、畜禽养殖粪污综合利用等政策，同时加大饲草产业发展扶持力度，大力实施振兴奶业苜蓿发展行动、粮改饲等项

目，夯实草牧业发展的物质基础。

（二）鼓励科技创新，重视技术推广

科学技术是实现草牧业提质增效长期发展的主要动力，在牧草良种培育、病虫害预防和治理、田间管护及机械化收割、加工利用方面都要实现技术的升级换代，逐步把牧草生产的现代科技和手段运用到传统的牧草生产过程中去。加强与科研院所、高校等牧草种植、生产单位的对接与合作，扩大双向信息沟通渠道。创新技术推广体制机制，探索产学研深入融合的多种实现模式。

（三）鼓励发展组织化、规模化生产方式

以家庭为单位经营的基础上发展合作经济，以资本联合、生产联合等方式统一组织，将草地生产与畜牧生产、生态环境保护相结合，发展产业带，实现草地利用科学化、高效化，保障草畜供求平衡，发挥规模化效益，提高抵御风险能力。

（四）转变发展方式，强化社会服务

积极推动牧草产业的转型升级，同步重视牧草生产的数量和质量，关注牧草生产的经济效益、社会效益和生态效益的协同。创新牧草产业发展体制机制，探索牧草产业发展的新业态和新模式，推动传统牧草产业向新的产业发展方向转变；建立牧草产业全方位的社会化服务体系，强化社会化服务对牧草产业发展的支撑与保障作用，继续鼓励扶持建设牧草产业的行会与协会、建立牧草产业创新联盟。

草产品贸易专题

2021年国际牧草产品市场供求状态分析

刘亚钊　王明利

2021年全球疫情肆虐，极端天气频发，港口拥堵等因素给各国的经济和生产都造成不同程度的影响，国际上牧草产品价格不断创新高，给畜牧业发展带来了巨大的挑战。草牧业是我国畜牧业发展的短板，目前，我国奶牛饲养所需要的高品质牧草以及部分饲料原料，尤其是苜蓿干草和燕麦草很大一部分依靠进口。在疫情全球扩散和逆全球化声音不断的背景下，牧草进口受到了很大的影响，加之一些国家限制粮食出口，给国内奶牛饲料供应带来较大的影响。为更好地利用好国际市场，本文详细分析了2021年国际市场上各类牧草的供给和需求情况，在此基础上对短期内国际市场上牧草的供求状态进行预判，以便国内牧场更好地利用国际资源。

一、全球牧草产品供给大幅增加，贸易量同比增长12.0%

2010年以来，国际市场上的牧草产品贸易量①整体呈上升趋势。2010年世界牧草产品贸易量为725.46万吨，2021年增长至1 123.87万吨，创历史最高，累计增幅为54.9%，年均增长速度为4.1%（见图1）。

二、苜蓿干草是主要贸易产品，继续维持70%以上的占比

国际市场上交易的牧草产品主要包括紫苜蓿粗粉及团粒、燕麦草及其

---

① 从世界范围来看，一国的出口就是另一国的进口，将世界各国的进口与出口加在一起无疑是重复计算，因此，在统计世界的总贸易量时，采用的办法是仅汇总世界各国的进口或出口即可，本文以出口为准，剔除到岸价格中包含的运输、保险等费用。

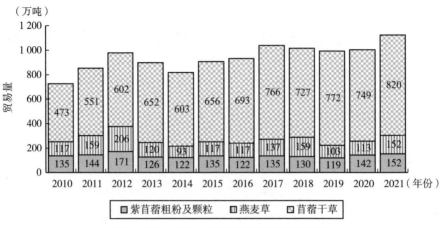

图 1 2010～2021 年国际草产品贸易量变动

资料来源：联合国贸易（Uncomtrade）数据库。

他干草，其他干草包括其他紫苜蓿（粗粉及团粒外）及芜菁甘蓝、饲料甜菜、燕麦草及其他植物（包括饲料用根、干草、三叶草、驴喜豆不论是否制成团粒），其中以苜蓿干草为主。首先，紫苜蓿粗粉及团粒的贸易量增长趋势不显著，在总贸易量中的比重逐年下降。2010 年贸易量为 135.47 万吨，约占总贸易量的 19%，2021 年贸易量为 152 万吨，约占总贸易量的 13%。其次，燕麦草的贸易量波动较显著，在总贸易量中的比重不稳定。燕麦草主要来自澳大利亚，一方面，受气候条件影响，每年的供给量不能保证；另一方面，由于澳大利亚燕麦草经常倒茬轮作，所以每年的种植规模也不稳定。从近 10 年来看，燕麦草年度最大贸易量是 2012 年的 206 万吨，最小贸易量是 2014 年的 93 万吨，平均贸易量维持在 120 万吨左右。最后，苜蓿干草是国际牧草产品市场上的主打产品，其贸易量呈显著增长的态势。其他干草产品中主要是苜蓿干草，其贸易量从 2010 年的 473 万吨增长到 2021 年的 820 万吨，在总贸易量中的比重也由 65% 提升至 73%（见图 2）。

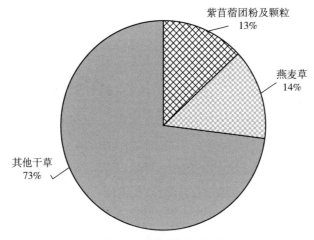

图2 2021 年国际草产品贸易构成

资料来源：联合国贸易（Uncomtrade）数据库。

三、国际牧草产品贸易价格继续上扬，苜蓿干草价格上涨趋势强劲

2010 年以来，国际市场上草产品的价格整体呈先升后降的趋势。2010 年苜蓿团粉及颗粒的平均离岸价格为 250 美元/吨，2013 年上涨至 281 美元/吨，上涨了 12%，随后开始下滑，2017 年一度跌至 245 美元/吨，与 2013 年相比，下跌了 13%，近几年呈回升态势，2021 年回升至 258 美元/吨。燕麦草 2010 年的离岸价格为 264 美元/吨，2013 年涨至 334 美元/吨，上涨了 27%，随后一路走低，2018 年跌至 257 美元/吨，与 2013 年相比，下跌了 23%，2019 年出现大反弹，一度上涨至 352 美元/吨，近两年有所回落，2021 年降至 327 美元/吨，但仍处于高位运行状态。苜蓿干草 2010 年的离岸价格为 250 美元/吨，2013 年涨至 307 美元/吨，上涨了 23%，随后一路走低，2017 年跌至 255 美元/吨，与 2013 年相比，下跌了 17%，近几年上升趋势强劲，2021 年升至 322 美元/吨（见图3）。

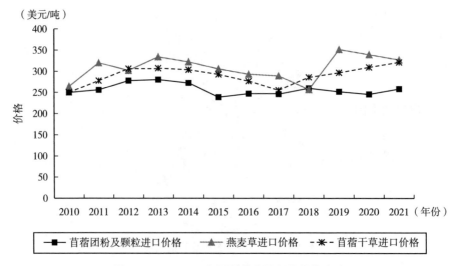

（美元/吨）

图3　2010~2021年国际草产品贸易价格变动

资料来源：联合国贸易（Uncomtrade）数据库。

四、国际牧草产品市场供给格局

从全球供应来看，美国、西班牙、澳大利亚、加拿大、意大利及法国等国是当前国际市场上牧草产品的主要供应国。面对全球旺盛的需求，各国也加大了出口的力度，尤其是西班牙，近年来出口急剧增加，但受土地资源制约和自然气候的影响，牧草产品供给年度间还是存在着很大的波动。从供应的牧草产品来看，苜蓿干草的最大供给国是美国，燕麦草的最大供给国是澳大利亚，苜蓿团粉及颗粒的最大供给国是西班牙。

（一）2021年苜蓿干草出口格局

1. 2021年美国苜蓿干草出口497.65万吨，同比增加5.7%，世界占比51.2%

美国一直稳居世界第一大苜蓿出口国的位置，其产品主要流向亚洲地区。美国98%以上的苜蓿干草都出口到了亚洲地区，其中日本是其最大的需求者，早期美国的苜蓿产品几乎全部流向了日本。1989年美国出口草产品 86 万吨，其中出口到日本高达 82 万吨，96% 的产品流向了日本，2000 年，这一比例仍高达 80% 左右。近年来随着韩国、中国、沙特阿拉伯、阿联酋及亚洲其他地区对草产品需求的增加，美国草产品市场逐步走向多元化，日本第一大需求国的地位也被中国所取代。2021 年美国苜蓿干草出口到中国、日本、韩国、沙特阿拉伯、阿联酋分别为 173.53 万吨、162.48 万吨、92.22 万吨、21.02 万吨、10.76 万吨，占比分别为 34.9%、32.6%、18.5%、4.2%、2.2%（见图 4）。

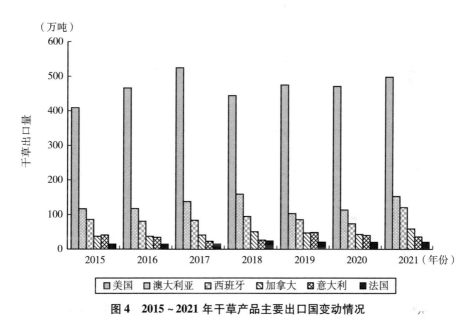

图 4　2015～2021 年干草产品主要出口国变动情况

资料来源：联合国贸易（Uncomtrade）数据库。

2. 2021 年澳大利亚燕麦草出口 152.37 万吨，同比增加 34.5%，世界占比 15.7%

澳大利亚出口的干草产品以燕麦草为主，澳大利亚的草产品出口地相对分散，亚洲是主要出口地，日本是其最大的需求者。2000 年澳大利亚出口的干草产品 54% 出口到日本、11% 出口到韩国、10% 出口到西班牙、6% 出口到荷兰，出口到中国仅 249 吨。2010 年以来中国开始增加燕麦草的进口，进口规模快速增加，目前已经是澳大利亚草产品的第二大需求者，改变了澳大利亚燕麦草的出口格局。受澳大利亚对中国燕麦草出口进口许可证延期的影响，澳大利亚对华出口断崖式下跌。2021 年澳大利亚燕麦草出口到日本、韩国、荷兰、中国、亚洲其他地区分别是 49.83 万吨、36.06 万吨、23.17 万吨、19.26 万吨、11.10 万吨，占比分别是 32.7%、23.7%、15.2%、12.6%、7.3%。

3. 2021 年西班牙脱水苜蓿出口 120.54 万吨，同比增加 63.8%，世界占比 12.4%

西班牙出口的脱水苜蓿主要集中在亚洲和欧洲，其中阿联酋是其最大的需求者。西班牙脱水苜蓿出口地亚洲地区主要有阿联酋、沙特阿拉伯、中国、约旦，欧洲地区主要有葡萄牙、希腊、意大利和法国。2000 年西班牙的出口格局是葡萄牙 34%、希腊 15%、阿联酋 13%、意大利 12%、法国 9%。随着近年来亚洲地区对草产品需求增加，西班牙开始积极开拓亚洲市场，贸易格局也发生了较大的变化。2021 年西班牙苜蓿干草出口到阿联酋、中国、沙特阿拉伯、约旦、卡塔尔、韩国、日本分别为 56.79 万吨、26.30 万吨、14.94 万吨、4.68 万吨、3.47 万吨、3.22 万吨、2.73 万吨，占比分别为 47.1%、21.8%、12.4%、3.9%、2.9%、2.7%、2.3%。

4. 2021 年加拿大苜蓿干草出口 58.82 万吨，同比增加 36.7%，世界占比 6.1%

加拿大牧草产品的主要贸易伙伴是日本、美国、韩国及中国等地。1988 年加拿大牧草产品出口 39 万吨，出口格局为日本 54%、美国 21%、法国 15%、韩国 1%。随着亚洲地区牧草产品进口的增加，2000 年加拿大出口量高达 131 万吨，出口格局为日本 65%、韩国 14%、美国 10%、亚洲其他地区 10%。近年来，随着日本国内奶牛产业的衰退，草产品进口量急剧下降，大幅度减少了加拿大草产品的进口。2021 年加拿大苜蓿干草出口到美国、日本、韩国、中国、阿联酋分别是 23.42 万吨、22.19 万吨、6.53 万吨、5.11 万吨、0.65 万吨，占比分别是 39.8%、37.7%、11.1%、8.7%、1.1%。

5. 2021 年法国苜蓿干草出口量维持不变，意大利出现较大幅度减少

意大利和法国是欧盟重要的苜蓿大国。随着国际市场上对草产品需求的增加，意大利积极开拓国际市场，牧草产品出口规模不断增加。2019年苜蓿干草出口量高达 48.59 万吨，创历史最高，但近年来呈减少态势，2021 年出口量仅 35.94 万吨，同比减少了 10.4%。意大利出口最早以希腊、摩洛哥、突尼斯、沙特阿拉伯及塞浦路斯等周边地区为主，之后逐渐向亚洲集中，尤其是阿联酋，2021 年出口到阿联酋、沙特阿拉伯、瑞士、马耳他、奥地利的苜蓿干草分别为 25.70 万吨、2.32 万吨、2.06 万吨、0.80 万吨、0.74 万吨，占比分别是 71.5%、6.4%、5.7%、2.2%、2.1%。

法国生产苜蓿干草数量仅次于西班牙，出口的潜力非常大。1988 年法国草产品出口量曾高达 67 万吨，出口格局以欧盟内部为主。随着法国畜牧业的发展，牧草产品出口规模逐年减少。2021 年法国苜蓿干草出口 20.65 万吨，主要流向瑞士、德国、比利时、荷兰、阿联酋，出口量分别是 9.48 万吨、3.47 万吨、2.80 万吨、2.11 万吨、1.30 万吨，占比分别为 45.9%、16.8%、13.6%、10.2%、6.3%。

（二）2021 年苜蓿团粉及颗粒出口格局

1. 2021 年西班牙苜蓿团粉及颗粒出口 48.62 万吨，同比增加 51.4%，世界占比 32.0%

西班牙是苜蓿团粉及颗粒的第一大出口国，2010 年西班牙出口量占世界总出口量的 34.9%，随着西班牙加大了对脱水苜蓿的出口，苜蓿团粉及颗粒出口量大幅下滑，2019 年一度下滑到 23.09 万吨，世界占比也降至 19.5%。面对中东地区的旺盛需求，近两年西班牙又扩大了苜蓿团粉及颗粒的出口规模，2021 年出口量恢复到 48.62 万吨，世界占比也恢复至 32.0%。西班牙苜蓿团粉及颗粒出口主要集中在亚洲和欧洲。2021 年西班牙苜蓿干草出口到沙特阿拉伯、法国、中国、葡萄牙、韩国、摩洛哥分别是 18.54 万吨、7.48 万吨、4.94 万吨、2.18 万吨、1.85 万吨、1.63 万吨，占比分别为 38.1%、15.4%、10.2%、4.5%、3.8%、3.4%（见图 5）。

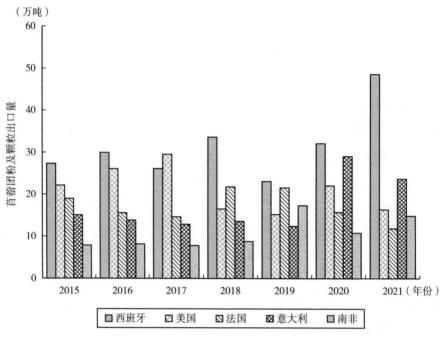

（万吨）

图5 2015～2021年苜蓿团粉及颗粒主要出口国

资料来源：联合国贸易（Uncomtrade）数据库。

2. 2021年意大利苜蓿团粉及颗粒出口 23.71 万吨，同比减少 18.4%，世界占比 15.6%

意大利苜蓿团粉及颗粒出口呈先降后升的趋势。2012 年意大利苜蓿团粉及颗粒出口量曾高达 36.84 万吨，随后不断下滑，2019 年减少至 12.40 万吨，近两年有所回升，2020 年恢复至 29.05 万吨。意大利苜蓿团粉及颗粒出口市场较分散，主要集中在欧盟内，2021 年出口沙特阿拉伯、日本、英国、希腊、韩国、奥地利及德国分别为 5.37 万吨、3.75 万吨、3.17 万吨、2.15 万吨、1.38 万吨、1.04 万吨、0.98 万吨，占比分别是 22.7%、15.8%、13.4%、9.1%、5.8%、4.4%、4.2%。

3. 2021年美国苜蓿团粉及颗粒出口 16.38 万吨，同比减少 25.8%，世界占比 10.8%

美国是世界苜蓿最大生产国，大部分都是以苜蓿干草的方式出口，苜蓿团粉及颗粒出口量仅占其牧草产品总出口量的 4% 左右。受苜蓿干草需求旺盛的影响，苜蓿团粉及颗粒出口量大幅减少，但仍然是国际苜蓿团粉及颗粒市场上的第二大出口国。美国苜蓿团粉及颗粒的出口市场是以亚洲为主，2021 年美国苜蓿团粉及颗粒出口到日本、阿联酋、中国及韩国分别为 11.48 万吨、2.83 万吨、1.10 万吨、0.58 万吨，占比分别为 70.1%、17.3%、6.7%、3.5%。

4．2021 年南非苜蓿团粉及颗粒出口 14.88 万吨，同比增加 37.4%，世界占比 9.8%

南非是苜蓿团粉及颗粒市场上的后起之秀，近 10 年来呈现出快速增长的态势。2010 年南非苜蓿团粉及颗粒出口量仅 0.01 万吨，2019 年一度增长至 17.36 万吨。南非苜蓿团粉及颗粒出口主要集中在亚洲，2021 年出口沙特阿拉伯、阿联酋、中国分别为 7.34 万吨、2.91 万吨、2.28 万吨，占比分别是 49.3%、19.6%、15.3%。

5．2021 年法国苜蓿团粉及颗粒出口 11.89 万吨，同比减少 24.3%，世界占比 7.8%

近年来，法国苜蓿团粉及颗粒出口量快速增加，2018 年法国苜蓿团粉及颗粒出口增加至 21.80 万吨。随着法国奶业的稳步增长，国内对牧草产品需求日益旺盛，其出口量开始减少，2021 年减少至 11.89 万吨。法国苜蓿团粉及颗粒出口主要集中在欧盟内部。2021 年出口到比利时、德国、荷兰、英国、瑞士的苜蓿团粉及颗粒分别为 3.95 万吨、3.60 万吨、1.66 万吨、0.89 万吨、0.77 万吨，占比分别是 33.21%、30.26%、13.97%、7.48%、6.44%。

五、国际牧草产品进口需求分布

（一）2021 年日本牧草产品进口 223.44 万吨，与上年基本持平，是牧草产品第一大进口国

日本是国际市场上最早大规模进口牧草产品的国家。日本早在 20 世

纪 80 年代就开始大规模进口牧草产品。随着日本老龄化日趋严峻，日本畜牧业尤其是奶业生产规模不断缩减，牧草产品进口量也随之减少，但近两年又呈现出回升态势。受日本国内奶业不景气的影响，2016 年进口量仅为 206.97 万吨，其中苜蓿干草为 198.99 万吨，苜蓿团粉及颗粒为 7.98 万吨。随着日本政府对奶业支持力度的加大，奶牛存栏开始回升，牧草进口规模也呈现出回升态势。2021 年日本牧草产品进口量增加至 223.44 万吨，其中苜蓿干草进口 215.41 万吨，苜蓿团粉及颗粒进口 8.03 万吨。日本进口牧草产品主要来自美国、澳大利亚、加拿大、西班牙和法国。2021 年日本干牧草产品从美国、澳大利亚、加拿大及西班牙的进口量分别是 144.73 万吨、46.63 万吨、18.61 万吨、2.74 万吨，占比分别是 67.2%、21.6%、8.6%、1.3%。2021 年日本苜蓿团粉及颗粒进口主要来自意大利、加拿大、美国、西班牙及法国，进口量分别是 3.39 万吨、2.73 万吨、1.20 万吨、0.44 万吨、0.16 万吨，占比分别为 42.2%、33.9%、14.9%、5.5%、2.0%。

（二）2021 年中国牧草产品进口 204.44 万吨，同比增加 18.7%，增长趋势依然强劲

中国在 2008 年由牧草产品贸易的净出口国转为净进口国以来快速增加，并在 2017 年超过阿联酋成为第二大进口国。中国牧草产品进口可以说是井喷式增长，2010 年进口量仅 23.06 万吨，2017 年增加至 185.62 万吨，增加了近 7 倍，年均增长率 21%。2018 年 7 月 6 日起中国对原产于美国的苜蓿加征 25% 的关税，受中美贸易战影响，2018 年进口量出现大幅下滑，进口量为 170.71 万吨，同比减少了 14.91 万吨，减幅 8%。随着加征关税的取消，近两年又出现强劲的增长势头，2021 年进口量增至 204.44 万吨。中国进口牧草产品主要来自美国、澳大利亚、西班牙、加拿大及南非。2021 年中国干草产品从美国、西班牙、澳大利亚、南非、加拿大及苏丹的进口量分别是 143.40 万吨、22.73 万吨、21.22 万吨、5.19 万吨、4.67 万吨、1.45 万吨，占比分别是 72.0%、11.4%、10.6%、2.6%、2.3%、0.7%。2018 年中国苜蓿团粉及颗粒进口主要来自西班牙、意大利及哈萨克斯坦，进口量分别是 4.70 万吨、0.34 万吨、0.18 万吨，占比分别是 90.0%、6.5%、3.5%。

（三）2021 年阿联酋牧草产品进口 161.08 万吨，同比减少 7.4%，进口增长动力不足

为了保护地下水储量，21 世纪初，中东一些国家不允许种植苜蓿及其他耗水饲草，政府鼓励进口草产品，导致近年来中东地区草产品进口量急剧增加。2007 年阿联酋牧草产品进口量仅有 39.79 万吨，2013 年急剧增加到 193.73 万吨，增加了近 4 倍，并超过韩国成为第二大进口国，近年来进口规模有所下降，但仍处于较高水平。2021 年阿联酋牧草产品进口总量为 161.08 万吨，其中干草产品进口 80.81 万吨，苜蓿团粉及颗粒进口 80.27 万吨。阿联酋草产品进口主要集中在西班牙、意大利、巴基斯坦、美国及埃及等国家，2021 年阿联酋干草产品来自巴基斯坦、西班牙、埃及、美国、苏丹、意大利的进口量分别是 17.83 万吨、16.81 万吨、12.67 万吨、10.02 万吨、9.21 万吨、6.05 万吨，占比分别是 22.1%、20.8%、15.7%、12.4%、11.4%、7.5%。2021 年阿联酋苜蓿团粉及颗粒来自西班牙、意大利、罗马尼亚、南苏丹、南非、阿曼的进口量分别是 42.01 万吨、15.54 万吨、6.14 万吨、4.74 万吨、4.54 万吨、4.35 万吨，占比分别是 52.3%、19.4%、7.7%、5.9%、5.7%、5.4%。

（四）2021 年韩国牧草产品进口 101.66 万吨，同比增加 4.2%，牧草进口规模平稳

韩国曾经是该市场上的第二大进口国，近年来逐步被阿联酋和中国赶超。韩国草产品进口规模相对稳定，年度进口量往往维持在 100 万吨左右，2017 年韩国草产品进口创历史最高，进口量为 135.41 万吨，近两年又恢复到正常进口水平，2021 年韩国牧草产品进口量为 101.66 万吨。韩国牧草产品进口主要集中在美国、澳大利亚、加拿大及西班牙。2021 年韩国干草产品从美国、澳大利亚、加拿大及西班牙的进口量分别是 75.23 万吨、15.90 万吨、5.36 万吨、1.50 万吨，占比分别是 76.5%、16.2%、

5.5%、1.5%。韩国苜蓿团粉及颗粒进口主要来自西班牙、意大利及美国,进口量分别是 1.67 万吨、1.56 万吨、0.06 万吨,占比分别是 49.9%、46.5%、1.9%(见图 6)。

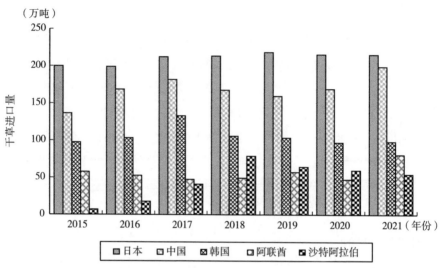

图6 2015~2021年干草产品主要进口国

资料来源:联合国贸易(Uncomtrade)数据库。

(五)2021 年沙特阿拉伯牧草产品进口 80.96 万吨,同比减少 7.0%,近年来下降趋势显著

沙特阿拉伯也是中东地区进口牧草产品较多的国家,近年来进口规模快速增加。2010 年沙特阿拉伯进口牧草产品 9.02 万吨,其中苜蓿干草 0.32 万吨,苜蓿团粉及颗粒 8.70 万吨,2018 年牧草产品进口量增加至 86.90 万吨,其中苜蓿干草进口量为 78.97 万吨,苜蓿团粉及颗粒进口量为 7.93 万吨。近两年进口量波动较大,但仍处于较高水平。沙特阿拉伯牧草产品进口主要集中在美国、西班牙、南非、阿根廷、意大利及罗马尼亚等国,2021 年沙特阿拉伯进口的苜蓿干草主要来自美国、西班牙、南非、阿根廷、意大利、罗马尼亚的进口量分别是 21.25 万吨、12.87 万吨、7.54 万吨、5.00 万吨、3.10 万吨、2.77 万吨,占比分别是 38.9%、23.5%、

13.8%、9.1%、5.7%、5.1%。2021 年苜蓿团粉及颗粒来自西班牙、意大利、埃及、南非的进口量分别是 19.46 万吨、5.36 万吨、0.97 万吨、0.38 万吨，占比分别是 73.9%、20.4%、3.7%、1.4%（见图7）。

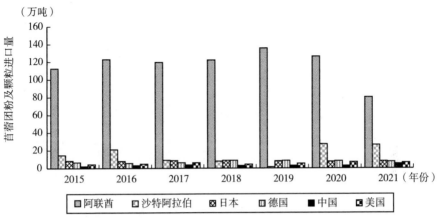

图7　2015～2021 年苜蓿团粉及颗粒主要进口国

资料来源：联合国贸易（Uncomtrade）数据库。

六、结论

第一，国际草产品市场依然是卖方市场。卖方市场是指商品供不应求，买主争购，卖方掌握买卖主动权的市场，价格及其他交易条件主要决定于卖方的市场。由于市场供不应求，买方之间展开竞争，卖方处于有利的市场地位，即使抬高价格，也能把商品卖出去，从而出现商品的市场价格由卖方起支配作用的现象。近几年国际草产品市场上草颗粒和干草价格均高位运行，且贸易量依然呈上升趋势，充分体现了国际市场上对牧草产品旺盛的需求。价格上涨不断激发供给国生产潜力，但受农业资源的限制，草产品供给的增长速度跟不上需求增长的速度，因此，会导致供求的不平衡，量价齐升的贸易现象就是供不应求的主要表现。

第二，进口国贸易保护措施对国际草产品市场影响有限。2018 年中国对美加征关税商品清单，即从 2018 年 7 月 6 日起对原产于美国的苜蓿加征 25% 的关税。美国苜蓿在我国的市场份额依然高达 90% 左右，2019

年取消关税措施，但由于增加了南非和西班牙等国家的市场份额，美国苜蓿在我国的市场份额降至 75%。此外，2021 年初，受中澳经贸关系的影响，澳洲多家企业对华出口燕麦草的许可证到期后未得到续期，致使澳洲燕麦草对华出口量断崖式下跌，但澳大利亚燕麦出口并未因对华出口受阻而减少，甚至同比还增加了 34.5%。可见，进口国将草产品作为双边贸易谈判筹码对国际草产品市场乃至出口国的影响是非常有限的。

第三，亚洲地区对牧草的需求依然很强劲。亚洲地区大部分都是发展中国家，人均畜产品消费量远低于国际平均水平，随着人均收入水平的提高，消费能力还会继续提升，居民对畜产品的质量和数量的要求就越高，对草产品的需求也必然会越旺盛。2021 年日本、中国、阿联酋及韩国等国家的草产品进口量均已过百万吨，沙特阿拉伯进口量也近百万吨，日本、中国、阿联酋、韩国及沙特阿拉伯五国的进口量占比已高达 75%。世界上还有大部分发展中国家，随着收入增加、人口增长和城市化进程，以印度为首的发展中国家对草食畜产品消费需求不断增长，并将成为全球草食畜产品消费量持续增加的关键驱动力，这必然会加大牧草产品的需求，因此，国际草产品需求旺盛的状态将会持续。

第四，积极挖掘市场的供给能力实现进口市场多元化。近年来，草产品价格不断攀升，大大调动了一些出口国的生产积极性，如南非、苏丹等国近年来出口量都在不断增加，但仍有一些国家的生产能力没有被完全开发出来。加拿大年度最高出口量可达 130 万吨，但目前出口量仅 40 万吨，提升的空间较大；阿根廷世界第二大苜蓿生产国，其年度出口量仅 0.7 万吨；澳大利亚的年供给能力曾达 250 万吨，而目前的出口量仅是过去的一半。此外，从阿联酋及沙特阿拉伯等国的进口格局来看，进口来源国相对分散，美国、西班牙、南非、阿根廷、意大利、罗马尼亚、南苏丹、阿曼、法国、罗马尼亚等国均对其有出口，保加利亚、匈牙利等国，苜蓿生产加工具有较高的产业化生产水平，都是可以作为进一步开拓利用的市场。在利用人工牧草外，也可以开发利用草地资源丰富国家的天然牧草，如蒙古国天然牧草的出口，不仅提高了国际市场的供给能力，还进一步增加了国际市场上草产品的多样性。

附　　录

表 A
2021～2022 年我国苜蓿干草贸易情况

月份	出口金额（万美元）	出口数量（吨）	出口价格（美元/吨）	进口金额（万美元）	进口数量（吨）	进口价格（美元/吨）
2021 年 1～12 月	8.79	30.91	2 845.56	68 008.68	1 780 250.12	382.02
2022 年 1 月	12.00	26.18	4 583.96	6 955.41	161 916.37	429.57
2022 年 2 月	5.81	10.70	5 427.09	5 193.64	117 094.49	443.54
2022 年 3 月	10.75	15.76	6 823.26	6 047.90	131 968.21	458.28
2022 年 4 月	16.69	13.85	12 052.20	5 700.64	120 668.01	472.42
2022 年 5 月	16.16	16.73	9 659.97	5 166.55	105 935.46	487.71
2022 年 6 月	14.18	18.36	7 722.63	5 379.89	104 358.29	515.52
2022 年 7 月	12.16	9.10	13 366.48	6 768.56	129 922.63	520.97
2022 年 8 月	0.00	0.00	—	8 130.92	154 931.43	524.81
2022 年 9 月	0.00	0.00	—	11 743.35	214 058.68	548.60
2022 年 10 月	0.00	0.00	—	10 779.00	191 547.31	562.73
2022 年 11 月	0.00	0.00	—	10 806.15	185 970.30	581.07
2022 年 12 月	0.00	0.00	—	9 953.25	170 181.31	584.86
2022 年 1～12 月	87.76	110.68	7 929.03	92 625.25	1 788 552.48	517.88

资料来源：中华人民共和国海关总署海关统计。

表 B
2021～2022 年我国苜蓿粗粉及颗粒贸易情况

月份	出口金额（万美元）	出口数量（吨）	出口价格（美元/吨）	进口金额（万美元）	进口数量（吨）	进口价格（美元/吨）
2021 年 1～12 月	0.19	0.40	4 700.00	1 365.61	52 254.36	261.34
2022 年 1 月	0.00	0.00	0.00	144.00	5 552.19	259.35
2022 年 2 月	0.00	0.00	0.00	130.26	4 861.04	267.97
2022 年 3 月	0.09	0.20	4 700.00	92.18	3 421.64	269.39
2022 年 4 月	0.00	0.00	—	28.01	1 032.40	271.28
2022 年 5 月	0.00	0.00	—	15.70	564.50	278.13
2022 年 6 月	0.00	0.00	—	21.81	742.09	293.89
2022 年 7 月	0.00	0.00	—	138.42	4 149.04	333.61
2022 年 8 月	0.00	0.00	—	258.07	7 829.37	329.61

续表

月份	出口金额 （万美元）	出口数量 （吨）	出口价格 （美元/吨）	进口金额 （万美元）	进口数量 （吨）	进口价格 （美元/吨）
2022 年 9 月	0.00	0.00	—	149.29	4 587.93	325.41
2022 年 10 月	0.00	0.00	—	49.04	1 517.59	323.11
2022 年 11 月	0.00	0.00	—	26.37	845.98	311.71
2022 年 12 月	0.00	0.00	—	79.56	2 135.18	372.61
2022 年 1～12 月	0.09	0.20	4 700.00	1 132.69	37 238.95	304.17

资料来源：中华人民共和国海关总署海关统计。

表 C   **2021～2022 年我国燕麦草贸易情况**

月份	出口金额 （万美元）	出口数量 （吨）	出口价格 （美元/吨）	进口金额 （万美元）	进口数量 （吨）	进口价格 （美元/吨）
2021 年 1～12 月	0.00	0.00	—	7 285.13	212 652.99	342.58
2022 年 1 月	0.00	0.00	—	452.03	11 655.94	387.81
2022 年 2 月	—	—	—	429.31	10 991.83	390.57
2022 年 3 月	0.00	0.00	—	353.97	8 554.46	413.78
2022 年 4 月	0.00	0.00	—	747.23	18 161.68	411.43
2022 年 5 月	0.00	0.00	—	460.81	10 673.71	431.72
2022 年 6 月	0.00	0.00	—	683.39	15 751.92	433.84
2022 年 7 月	0.00	0.00	—	711.73	16 347.50	435.37
2022 年 8 月	0.00	0.00	—	642.29	14 333.12	448.11
2022 年 9 月	0.00	0.00	—	553.23	12 355.63	447.75
2022 年 10 月	0.00	0.00	—	583.29	13 165.38	443.05
2022 年 11 月	0.00	0.00	—	481.57	10 780.20	446.72
2022 年 12 月	0.00	0.00	—	437.98	9 581.01	457.13
2022 年 1～12 月	0.00	0.00	—	6 536.81	152 352.38	429.06

资料来源：中华人民共和国海关总署海关统计。

表 D　　　　　　2021～2022 年我国紫苜蓿子贸易情况

月份	出口金额 （万美元）	出口数量 （吨）	出口价格 （美元/千克）	进口金额 （万美元）	进口数量 （吨）	进口价格 （美元/千克）
2021 年 1～12 月	22.56	60.10	3.75	1 937.72	5 159.29	3.76
2022 年 1 月	0.00	0.00	—	10.70	23.00	4.65
2022 年 2 月	0.00	0.00	—	47.85	121.50	3.94
2022 年 3 月	0.00	0.00	—	113.44	281.03	4.04
2022 年 4 月	0.00	0.00	—	77.58	145.00	5.35
2022 年 5 月	0.00	0.00	—	200.48	337.00	5.95
2022 年 6 月	0.00	0.00	—	95.47	172.01	5.55
2022 年 7 月	0.00	0.00	—	98.45	145.00	6.79
2022 年 8 月	0.00	0.00	—	72.64	129.83	5.60
2022 年 9 月	0.16	0.10	15.50	54.57	132.21	4.13
2022 年 10 月	0.00	0.00	—	25.25	45.00	5.61
2022 年 11 月	0.00	0.00	—	37.84	66.00	5.73
2022 年 12 月	0.00	0.00	—	0.00	0.00	—
2022 年 1～12 月	0.16	0.10	15.50	834.26	1 597.57	5.22

资料来源：中华人民共和国海关总署海关统计。

表 E　　　　　　2021～2022 年我国黑麦草种子贸易情况

月份	出口金额 （万美元）	出口数量 （吨）	出口价格 （美元/千克）	进口金额 （万美元）	进口数量 （吨）	进口价格 （美元/千克）
2021 年 1～12 月	0.00	0.00	—	5 433.00	33 988.90	1.60
2022 年 1 月	0.00	0.00	—	803.03	3 647.02	2.20
2022 年 2 月	0.00	0.00	—	628.15	3 137.81	2.00
2022 年 3 月	0.00	0.00	—	910.72	4 436.72	2.05
2022 年 4 月	0.00	0.00	—	937.38	4 066.73	2.30
2022 年 5 月	0.00	0.00	—	1 088.65	4 846.03	2.25
2022 年 6 月	0.00	0.00	—	504.81	2 236.35	2.26
2022 年 7 月	0.00	0.00	—	376.05	1 542.17	2.44

续表

月份	出口金额（万美元）	出口数量（吨）	出口价格（美元/千克）	进口金额（万美元）	进口数量（吨）	进口价格（美元/千克）
2022 年 8 月	0.00	0.00	—	1 075.45	3 658.73	2.94
2022 年 9 月	0.00	0.00	—	963.78	3 369.79	2.86
2022 年 10 月	0.00	0.00	—	405.07	1 588.85	2.55
2022 年 11 月	0.00	0.00	—	142.24	856.52	1.66
2022 年 12 月	0.00	0.00	—	57.78	444.39	1.30
2022 年 1~12 月	0.00	0.00	—	7 893.13	33 831.12	1.48

资料来源：中华人民共和国海关总署海关统计。

表 F　　　　　**2021~2022 年我国其他三种草种子进口情况**

月份	三叶草		高羊茅		草地早熟禾	
	进口数量（吨）	进口价格（美元/千克）	进口数量（吨）	进口价格（美元/千克）	进口数量（吨）	进口价格（美元/千克）
2021 年 1~12 月	3 570.92	4.11	20 930.04	2.11	7 909.87	3.57
2022 年 1 月	389.39	4.96	1 766.55	4.13	642.96	5.88
2022 年 2 月	204.49	5.06	586.14	3.73	212.34	6.08
2022 年 3 月	383.55	5.24	1 686.97	4.57	578.63	6.05
2022 年 4 月	246.50	5.17	2 086.21	4.84	970.45	6.25
2022 年 5 月	270.94	5.28	2 603.53	4.59	921.50	6.43
2022 年 6 月	165.47	5.02	823.06	4.75	188.25	6.89
2022 年 7 月	48.20	5.25	679.52	4.12	315.84	6.63
2022 年 8 月	222.50	5.45	143.49	4.18	22.68	5.34
2022 年 9 月	204.59	5.28	24.96	3.59	0.00	—
2022 年 10 月	20.00	3.95	0.00	—	0.00	—
2022 年 11 月	57.00	3.97	50.40	3.52	9.21	5.21
2022 年 12 月	0.00	—	0.00	—	0.00	—
2022 年 1~12 月	2 212.64	5.13	10 450.83	4.48	3 861.86	5.93

资料来源：中华人民共和国海关总署海关统计。